Roland Schweda • Michael Reumann

SO ZAHLT AUCH IHRE VERSICHERUNG

AUTO HIN.
BRILLE WEG.

GELD ZURÜCK.

UEBERREUTER

Sämtliche Personen und Versicherungsfälle in diesem Buch sind realistisch, aber dennoch frei erfunden. Ähnlichkeiten mit lebenden oder verstorbenen Menschen sind rein zufällig und nicht beabsichtigt.

Selbstverständlich wurde der Inhalt mit äußerster Sorgfalt und Umsicht recherchiert und geprüft. Fehler sind dennoch nie auszuschließen. Auch sind Gesetze und Versicherungsbedingungen ständigen Veränderungen unterworfen. Verlag und Autoren können für die hier wiedergegebenen Informationen und deren Folgen weder eine juristische Verantwortung noch irgendeine Haftung übernehmen.

Die Autoren haben Fälle und Tipps vermieden, die den Rahmen des juristisch Zulässigen verlassen. Wir möchten ausdrücklich davor warnen, in Schadensmeldungen falsche Angaben zu machen und dadurch Zahlungen zu erwirken. Versicherungsbetrug ist strafbar und kein Kavaliersdelikt.

ISBN 3-8000-3958-3

Illustrationen: Alexander Wlassack
Umschlaggestaltung: verlagsbüro wien / Kurt Hamtil
Umschlagfoto: Steve Lupton / CORBIS

Druck: Ueberreuter Print
3 5 7 6 4

Ueberreuter im Internet: www.ueberreuter.at

Inhalt

Vorwort

von Roland Schweda

Während meiner langjährigen Tätigkeit im Vertrieb und als Ausbildner bei einer großen Versicherungsgesellschaft habe ich unzählige Kundenbesuche absolviert, Versicherungsverträge abgeschlossen und Schadensmeldungen aufgenommen.
Ich kann Ihnen versichern, dass niemals sonst das Wechselbad der Gefühle so groß war als zu dieser Zeit.
Freude – Erwartung – Hoffnung – Enttäuschung sind oft nur durch einen Punkt oder Beistrich voneinander getrennt. Mit den Jahren kehrte jedoch Routine ein. Bis mir ein Gespräch mit meinem langjährigen Freund und späteren Co-Autor die Augen öffnete.

Der Zauberlehrling und das Amulett

Viele Menschen, denen ich begegnete, sahen ihre Versicherung als ein Amulett, als ihren Glücksbringer an, den sie sich umhängten und der sie vor Schaden schützen sollte. Sie schlossen Verträge ab ... und trotzdem passierte etwas. Und gerade in diesem Moment funktionierte ihr Glücksbringer nicht. Die darauf folgende Reaktion ist verständlich. Sie verloren den Glauben daran und bereuten den Tag, an dem sie ihn um sauer verdientes Geld erworben hatten.
Nun stellt sich allerdings die Frage, ob der Glücksbringer wirklich nicht funktioniert oder ob man vielleicht nur einen unvollständigen Zauberspruch aufgesagt oder im falschen Zauberbuch nachgesehen hat.
Unser Anliegen war es, kein weiteres Werk in Versiche-

rungschinesisch zu präsentieren, denn davon gibt es bereits mehr als genug. Vielmehr war es unsere Zielsetzung, Ihnen ein magisches Gefühl zu vermitteln, das Sie durch die dunklen Gänge und Verliese der Versicherungsbedingungen führt.

Es reicht nämlich nicht, sich einen Glücksbringer umzuhängen. Wichtig ist auch zu wissen, wann und unter welchen Voraussetzungen er wirkt.

Also schnappen Sie sich Ihr Amulett und werden Sie unser Zauberlehrling. Ich wünsche Ihnen dabei viel Spaß.

Vorwort

von Michael Reumann

Es gibt Ideen, die kommen aus dem Nichts und man weiß sofort, dass sie nicht wieder dorthin verschwinden werden. Dieses Buch war so ein Fall. Als Roland Schweda mir eines Tages von all jenen unglaublichen Fällen berichtete, in denen Versicherungsnehmer auf Geld verzichteten, das ihnen zusteht, wusste ich sofort: Darüber muss man ein Buch schreiben. Denn ich selbst hatte ein gutes Dutzend Versicherungspolizzen laufen und noch kein einziges Mal in meinem Leben einen Schadensbericht geschrieben und noch keinen Euro wieder zurückbekommen.
Nun, das hat sich in den letzten Wochen geändert. Hundertfünfzig Euro für eine zerbrochene gläserne Tischplatte, die ich sonst vom eigenen Geld ersetzt hätte. Das ist nicht viel, aber immerhin das Zehnfache vom Preis dieses Buches. So gesehen bin ich recht zuversichtlich, dass sich Ihre Investition in „So zahlt auch Ihre Versicherung" bald rechnen wird. Und was kann einen Autor mehr freuen? Viel Glück beim Geldverdienen!

Teil 1

Ein Einstieg

GENAGELT

Warum dieses Buch für Sie geschrieben wurde

Dieses Buch begann mit einem Missverständnis und ein paar Gläsern Rotwein. Einer der Autoren ist Journalist, der andere seit Jahren der Versicherungsberater seines Vertrauens. Eines Abends hatten wir im Haus von Michael Reumann einen Termin vereinbart, um über eine neue Unfallversicherung zu reden. Wir nahmen auf der Terrasse Platz.
Dort steht ein niedriger Tisch mit einer Glasplatte und einem massiven Metallrahmen. Die Platte war beschädigt, ein langes, schmales Stück war durch einen Sprung abgetrennt.
„Das ist der kaputte Tisch, wegen dem ich Sie vor ein paar Monaten angerufen habe ... wie Sie sehen, bin immer noch nicht dazugekommen, eine neue Platte zu kaufen. Langsam wird's wirklich Zeit", sagte Reumann.
„Ja, das sollten Sie tun, bevor der Sprung immer größer wird und alles zusammenbricht", sagte Roland Schweda.
„Ach, da tut sich nichts, der Sprung war von Anfang an so groß."
„Wirklich? Erinnere ich mich da falsch oder ... wir haben den Schaden doch nicht bezahlt?"
„Nein, haben Sie nicht", sagte Reumann. „Weil solche Absplitterungen nicht gedeckt sind. Das haben Sie mir am Telefon gesagt."
„Das stimmt auch", sagte Schweda. „Aber die Platte ist ja zerbrochen, nicht abgesplittert ..."
„Und?"
„Und zerbrochene Glasplatten sind gedeckt. Es heißt ja ‚Glasbruchversicherung', nicht ‚Glassplitterversicherung'."
„Das ist ja nur Formulierungssache", sagte der Journalist.

„Genau“, sagte der Versicherungsberater. „Aber so ist das eben im Versicherungsgeschäft: Oft kommt es nur auf Kleinigkeiten an. Sie glauben ja gar nicht, was ich da schon erlebt habe ...“
Roland Schweda begann zu erzählen. Von falschen Angaben, Irrtümern, Missverständnissen und anderen Möglichkeiten, wie Versicherungskunden auf Geld verzichten.
Michael Reumann saß da und hörte gebannt zu. Mit jeder Geschichte wuchs sein Staunen. Da war er versichert gegen alles und jedes – und stellte jetzt plötzlich fest, dass er eigentlich gar nichts über Versicherungen wusste. Seit Jahrzehnten zahlte er brav Prämien und ärgerte sich im Stillen darüber, nie – aber auch wirklich nie – etwas herauszubekommen. Und nun zeigte sich, auf wie viel Geld er eigentlich schon verzichtet hatte. Geld, das ihm zustand.
„Darüber sollte man ein Buch schreiben“, murmelte er irgendwann. Wenige Stunden später war aus der Idee ein Projekt geworden. Das Resultat halten Sie jetzt in Händen.

So zahlt auch Ihre Versicherung

Lesen Sie dieses Buch sorgfältig, es wird Ihnen bares Geld bringen.
Sie glauben nicht – und es ist auch unglaublich –, wie viel Geld Kunden von Versicherungen jedes Jahr verschenken. Sie lassen es nach einem Verkehrsunfall im wahrsten Sinne des Wortes auf der Straße liegen oder werfen es beim Fenster hinaus, obwohl ihre Eigenheimversicherung sie genau davor beschützen sollte.
Und warum? Sicher nicht mit Absicht. Im Gegenteil: Ein beträchtlicher Teil der Versicherungskunden ist unzufrieden. Das Verhältnis zwischen den einbezahlten Prämien und den erhaltenen Leistungen ist meist eher traurig – für den Kunden wohlgemerkt, nicht für die Versicherung. Geht es Ihnen nicht auch so: Jahrelang werden Ihnen schon die Beiträge für die

Hausratsversicherung, die Privathaftpflichtversicherung, die Rechtsschutzversicherung, die Vollkaskoversicherung für das Auto, die Haftpflichtversicherung für den Zweitwagen, die Unfallversicherung, die Lebensversicherung für sich und den Partner und weiß Gott was noch alles vom Konto abgebucht. Und was haben Sie dafür erhalten? Meist nicht viel. Nun, das sollte nicht sein und es muss auch nicht sein. Und deshalb wurde dieses Buch für Sie geschrieben.

Meist ist es eine Kombination aus Gründen und Umständen, die den Versicherten das Geld durch die Lappen gehen lässt. Missverständnisse gehören ebenso dazu wie ein gewisses Maß an Sorglosigkeit im Umgang mit dem eigenen Geld, das die Kassen der Versicherungen klingeln lässt. Millionen von Kleinschäden, die prinzipiell gedeckt wären, werden jedes Jahr in Deutschland und Österreich nicht geltend gemacht, weil der Versicherungsnehmer sich „für die paar Euro" nicht die Mühe machen will. Das summiert sich. Wenn Sie auch zu diesen Menschen gehören, dann soll dieses Buch dazu beitragen, dass sich das ändert. Immerhin haben Sie „ein paar Euro" dafür ausgegeben – und nun haben Sie quasi die Verpflichtung, dieses Geld zurückzuverdienen. Darauf bestehen wir. Wir verraten Ihnen auf den folgenden Seiten detailliert, wie das geht – und wie Sie sich noch viel mehr von dem Geld holen, das Ihnen zusteht. Damit sich diese Investition zehnfach oder hundertfach lohnt ...

Selbsterkenntis ist bekanntlich der erste Weg zur Besserung. Will man schonungslos ehrlich sein – und das wollen wir –, muss man festhalten, dass der Hauptgrund für all das verschwendete Geld folgendermaßen lautet: Unwissenheit.

Wir, die ganz normalen Versicherungskunden (und einer der Autoren zählt sich dazu), haben doch in Wirklichkeit kaum Ahnung von den Versicherungsverträgen, die wir unterschreiben und für die wir brav Prämien zahlen. Aber das muss nicht so sein, und nachdem Sie dieses Buch gelesen haben, wird es auch nicht mehr so sein. Sie werden wissen, welche Versicherung für welche Schäden aufkommt, welche Bedingungen wichtig sind und erfüllt sein müssen, welche Sonderfälle und Risiken ausgenommen sind, welche Umstände einen gültigen Versicherungsfall von einem ungedeckten unterscheiden. Sie werden wissen, worauf Sie in Ihrer Schadensmeldung zu achten haben, um Missverständnisse und den Verlust des Anspruchs zu vermeiden.

Das alles ist nicht schwer. Vertrauen Sie uns, wir haben es auch gelernt. Und seitdem fragt sich mindestens einer von uns: Warum war ich überhaupt je versichert, ohne all diese kleinen Tricks zu kennen?

Wie Sie dieses Buch effektiv nutzen

Mit diesem Buch haben wir uns eine Reihe von Zielen gesteckt. Und, zugegeben, die sind ziemlich hoch. Wenn Sie dieses Buch gelesen haben und zu den oft zitierten „mündigen Konsumenten“ zählen, dann haben wir schon viel erreicht. Aber wir wollen noch mehr.

Sie haben mit Ihrer Versicherung geschäftliche Verträge abgeschlossen: Sie sind nicht nur ein Kunde, Sie sind ein Geschäftspartner dieses Unternehmens. Und wenn Sie dieses Buch lesen und effektiv nutzen, dann sollten Sie im Falle eines Falles Ihrer Versicherung auch selbstbewusst und als gleichberechtigter Partner gegenübertreten können. Denn:

- Sie werden ein Gefühl dafür bekommen, welche Schäden von Ihren Versicherungen gedeckt sind und welche nicht.
- Sie werden wissen, wo man in den Vertragsgrundlagen, den Versicherungsbedingungen, nachsieht und wie man sie liest.
- Sie werden Schadensmeldungen kurz, prägnant und vor allem richtig schreiben können.
- Sie werden nicht mehr jede Ablehnung eines Schadens von ihrer Versicherung wehrlos zur Kenntnis nehmen müssen.
- Sie werden beurteilen können, welche Versicherungen für Ihren ganz persönlichen Lebensstil von Vorteil sind – und welche Prämien Sie sich locker sparen können.

Der Aufbau

Das Buch ist in fünf Teile gegliedert. Hier in der **Einleitung** finden Sie die grundlegenden Informationen über die Versicherungsbranche. Dazu Tipps und Tricks. Damit haben Sie das nötige Rüstzeug für die Fallbeispiele in den nächsten Teilen.

Der Abschnitt **Elementarversicherungen** ist der Kern des Buches. Hausrats- und Privathaftpflichtversicherungen sind zwei Sparten, in denen Versicherungsnehmer sehr oft auf die ihnen zustehenden Zahlungen verzichten (müssen), weil sie sich nicht ganz über Bedingungen und Modalitäten im Klaren sind. Wir haben Teilbereiche dieser Versicherungen, wie Glasbruch- oder Feuerversicherungen, eingehend behandelt, um die Vielfalt der Möglichkeiten aufzuzeigen, wie man seinen Anspruch geltend machen kann.

Im Abschnitt **Autoversicherungen** haben wir uns dagegen auf eher untypische Schadensfälle konzentriert. Denn bei einem „normalen" Autounfall sind Verschuldenslage und Deckung meist nur dann umstritten, wenn unterschiedliche Zeugenaussagen der Beteiligten vorliegen. Aber abseits von solchen physikalischen und zwischenmenschlichen Zusammenstößen haben wir einige interessante Beispiele gefunden.

Bei den **Personenversicherungen** steht der Beratungsfaktor im Vordergrund. Unfallversicherungen und vor allem die private Pensionsvorsorge gehören zu den heißesten Themen am Versicherungsmarkt. Aber sich im Dickicht der Angebote zurechtzufinden ist gar nicht so leicht. Wir helfen Ihnen dabei ein wenig.

Am Ende des Buches finden Sie die **Checkliste**, in der wir die wichtigsten Fakten zu den wichtigsten Versicherungen noch einmal zusammenfassen. Damit Sie im Schadensfall nicht lange suchen müssen.

Die Fallbeispiele

Wie und wann Ihre Versicherung in Zukunft bezahlt, lässt sich natürlich am besten anhand von konkreten Fällen zeigen, und entsprechend sind auch die drei folgenden Abschnitte des Buches aufgebaut. Die Fallbeispiele folgen meist demselben Schema.

Zunächst lesen Sie eine kurze **Geschichte**, wie Sie auch Ihr Leben einmal spielen könnte – oder vielleicht schon gespielt hat. Diese Storys sind zwar aus rechtlichen Gründen erfunden – aber deswegen keineswegs an den Haaren herbeigezogen. Wir haben darauf geachtet, sie so praxistauglich wie möglich zu gestalten.

Zu jedem Fall gehört auch eine **Schadensmeldung**, die von der Versicherung nicht akzeptiert wurde. Die Gründe dafür sind vielfältig, teilen sich aber in drei große Gruppen.
Bei der ersten Gruppe hat der Versicherte einen Fehler gemacht, war also zum Beispiel ungenau bei der Formulierung seiner Schadensmeldung. Das ist etwa der Fall, wenn eine Glasscheibe gebrochen ist, man allerdings „abgesplittert" in die Meldung schreibt.
Bei der zweiten Kategorie von Beispielen ist der jeweilige Schaden tatsächlich nicht gedeckt. Das ist immer dann besonders ärgerlich, wenn beim Verkaufsgespräch der Eindruck erweckt wurde, dass die Versicherung ohnehin beinahe alles zahlen würde – und kaum tritt der Ernstfall ein, ist auch schon Schluss mit lustig.
Bei der dritten Kategorie schließlich wurde schon beim Abschluss der Versicherung ein Fehler gemacht – zum Beispiel eine zu geringe Deckungssumme vereinbart und dadurch eine Unterversicherung herbeigeführt.

Jedes Fallbeispiel endet mit der alles entscheidenden Rubrik **So zahlt auch Ihre Versicherung**. Und die sollten Sie mit besonderer Aufmerksamkeit lesen. Hier finden Sie die Besonderheiten eines jeden Falles erklärt, die Versicherungsbedingungen erläutert, die Ausnahmeregelungen aufgezählt.
Wenn Sie die in dieser Rubrik wiedergegebenen Tipps und Tricks beherzigen, sollte Ihre Zufriedenheit mit Ihren Versicherungen binnen kurzer Zeit ansteigen. Das mag dann nicht auf Gegenseitigkeit beruhen, aber das liegt in der Natur der Sache ...

Klipp und klar

Versicherungsbedingungen sind einem ständigen Wandel unterworfen und können sich auch von Anbieter zu Anbieter deutlich unterscheiden. Wir haben uns bemüht, immer möglichst weit verbreitete Bedingungen anzunehmen. Prüfen Sie aber stets, ob Ihre Verträge auch diesen Standards entsprechen. Oder gar noch besser sind …

!! ACHTUNG !!

Versicherungsbetrug ist strafbar und kein Kavaliersdelikt.
Verlag und Autoren weisen darauf hin, dass sie eine eventuelle missbräuchliche Anwendung der in diesem Buch wiedergegebenen Tipps und Ratschläge nicht billigen und auch keine Verantwortung für Folgen gleich welcher Art übernehmen.

So arbeitet auch Ihre Versicherung

Damit auch Ihre Versicherung zahlt, müssen Sie nicht Finanzwissenschaften studiert haben. Aber es schadet nicht, sich über ein paar ganz grundlegende Dinge Gedanken zu machen, um die eine oder andere Reaktion Ihres Gegenübers besser zu verstehen.

Ein Dreiecksverhältnis

Das Prinzip einer Versicherung ist simpel: Viele Leute zahlen einen relativ kleinen Betrag in einen gemeinsamen Topf. Der- oder diejenige, dem/r ein bestimmtes Unglück zustößt, bekommt aus diesem Topf einen gewissen Betrag zur Wiedergutmachung ausbezahlt. Der Schaden wird entschädigt.

Daraus ergeben sich einige Schlussfolgerungen:
• Je mehr Leute in den Topf einzahlen, desto besser kann das Risiko verteilt werden.
• Je höher der Einzahlungsbetrag (= Prämie) ist, desto höher kann auch die Auszahlung (= Leistung) sein.
• Oder: desto umfangreicher kann die Liste der versicherten Unglücke sein (= Deckungsumfang).
• Umgekehrt gilt: Eine umfangreiche Deckung bedingt entweder hohe Prämien oder niedrige Leistungen.
• Hohe Leistungen bedingen entweder kleinere Deckungsumfänge oder hohe Prämien.

Prämien, Deckungsumfang und Leistungen stehen also in einer Dreiecksbeziehung. Das wissenschaftliche Fundament dafür ist die Statistik. Dieser Zweig der Mathematik verrät den Versicherern aufgrund von historischen Daten, wie wahrscheinlich es ist, dass ein bestimmtes Schadensereignis eintritt. Dann wird am Markt überprüft, welche Leistungen die Kunden erwarten und welche Prämien sie zu zahlen bereit sind – zwischen all diesen Faktoren wird der bestmögliche Kompromiss gesucht. Was aber ist der „bestmögliche Kompromiss“? Einfach gesagt ist das jenes Verhältnis zwischen den drei Faktoren, das Ihren persönlichen Bedürfnissen entspricht.

Die Kosten-Wahrheit

Allerdings gilt es, noch etwas Wichtiges zu berücksichtigen: Aus diesem Topf, in den alle Versicherten einzahlen, werden (meist) weniger als 100 Prozent wieder ausbezahlt.
Denn es gibt noch einen vierten Faktor. Das Versicherungsunternehmen hat Kosten. Mieten, Gehälter, Provisionen, Kilometergeld, Büromaterial, Telefonrechnungen und sonstige laufende Spesen müssen aus den Prämien bezahlt werden. Dazu kommt, dass nahezu alle Versicherungen private, gewinnorientierte Unternehmen sind, deren Besitzer und Aktionäre mehrere Prozent Rendite im Jahr erwarten. Also Gewinne, die letztlich ebenfalls aus den Prämien lukriert werden müssen.
Und erst das, was im Topf übrig bleibt, kann auf die Schadensfälle verteilt werden. Die beste Versicherung, so könnte also argumentiert werden, ist stets die mit der höchsten Auszahlungsquote. Bei vielen großen Versicherungen liegt diese Quote bei erschreckend niedrigen 60 bis 70 Prozent. Der Rest verpufft in der Verwaltung.
Es gibt einzelne Sparten, etwa in der Autoversicherung, bei denen die Auszahlungsquote so hoch ist, dass die Unternehmen Verluste machen. Nur aus Gründen des Konkurrenzdrucks und um zu verhindern, dass die Kunden auch mit den lukrativen Polizzen zum Mitbewerber abwandern, müssen die Versicherer diese Angebote beibehalten. Aber keine Sorge um die armen Unternehmen, das Geld wird in anderen Sparten wieder verdient.

Mensch, ärgere dich nicht

Jetzt ist klar, warum nahezu jeder Kunde sauer auf seine Versicherung ist und den Eindruck hat, stets viel mehr einzuzahlen als herauszubekommen: Weil es stimmt. Eine Versicherung abzuschließen ist für die Mehrzahl der Kunden ein unrentables Geschäft. Und das muss immer so bleiben, solange es Verwaltungskosten und Gewinne gibt.

Was aber nicht so bleiben muss, ist die Unzufriedenheit, denn dafür halten Sie ja jetzt dieses Buch in Händen. Lesen Sie die Fallbeispiele in den folgenden Abschnitten genau, befolgen Sie unsere Ratschläge und Sie werden die Schieflage schnell wieder ausgleichen können.

Zur Ehrenrettung der Versicherungsunternehmen sei aber gesagt: Millionen Menschen in Deutschland und Österreich zahlen Jahr für Jahr ihre Feuerversicherungen, ihre Unfallversicherungen, ihre Vollkasko und die meisten von ihnen werden dieses Geld nie wieder sehen. Aber einigen hundert Menschen brennt auch jedes Jahr ihr Haus nieder, widerfahren schwere Unfälle oder wird das nagelneue Auto gestohlen – und die, die entsprechend versichert sind, werden mit solchen Schicksalsschlägen deutlich leichter fertig. Versichern beruhigt.

Neue Bedingungen

Noch ein Tipp zum Abschluss dieses Kapitels: In den letzten Jahren hat der Konkurrenzdruck am Versicherungsmarkt deutlich zugenommen. Im Kampf um Marktanteile wurden die Vertragsbedingungen ständig überarbeitet. Vor allem die Deckungsumfänge wurden erweitert, ohne dass entsprechend die Prämien erhöht oder die Leistungen gekürzt wurden. Das Geld dafür wurde hauptsächlich bei Spesen, Gehältern und Renditen eingespart.

Unter dem Strich ist also die Auszahlungsquote in den letzten Jahren deutlich gestiegen. Das gilt aber nur für Verträge, die zu den besseren Bedingungen abgeschlossen wurden. Alte Polizzen wurden nicht automatisch nachgebessert. Für Sie als Versicherungskunden heißt das, dass Sie sich bei nächster Gelegenheit einen Termin mit Ihrem Versicherungsvertreter ausmachen sollten, um Ihre Polizzen zu überprüfen und gegebenenfalls zu erneuern. In den meisten Fällen werden Sie da sicher gerne und gut beraten werden. Und wenn nicht von Ihrem eigenen Betreuer, dann von dem der Konkurrenz ...

Freund und Feind

Das Who's who für Ihre zukünftigen Versicherungsfälle. Oder, wie Donald Ducks Neffen zu sagen pflegen: Trau, schau, wem?

Ihr Versicherungsberater

Ein armes Geschöpf, missverstanden von der ganzen Welt. Manche nennen ihn auch Versicherungsbetreuer, manche -verkäufer, manche -vertreter, letztlich meinen die meisten aber das Gleiche: Versicherungskeiler. Aber das ist eine völlig falsche Herangehensweise an die Dinge. Denn der Berater ist Ihr bester Verbündeter. Warum? Ganz einfach, weil er von den Provisionen lebt, die er durch Sie und mit Ihnen verdient. Nur wenn Sie zufrieden sind, werden Sie auch weiterhin sein Kunde bleiben und auf sein Gehaltskonto einzahlen. Eine Hand wäscht die andere, dieses Gesetz versteht er gut. Handeln Sie danach.

Der Schadensreferent

Auch ein armes Geschöpf, weil meist völlig unterschätzt. Alle Welt fürchtet sich vor den Sachverständigen, dabei ist es der Schadensreferent, der die ganze Macht hat: Er ist es, der über zahlen oder nicht zahlen entscheidet. Und auch über die freiwilligen Kulanzzahlungen. Der Schadensreferent arbeitet nicht auf Provisionsbasis, sondern erhält Monat für Monat sein fixes Gehalt von der Versicherung – und meistens wünscht er sich, dass das bis zur Pensionierung so bleibt. Seine Loyalität gilt Ihnen also nicht so ganz uneingeschränkt. Allerdings möchte er gute Kunden bei der Stange halten. Wichtige Kriterien für seine Entscheidung sind Ihre bisher einbezahlten Prämien und Ihre bisher ausbezahlten Leistungen.

Sind Sie ein rentabler Kunde, ist er wohlgesonnen. Wenn nicht, dann nicht. Verfeinert wird dieses System durch Vorgaben aus dem Management, wie etwa: „In diesem Geschäftsjahr müssen die Leistungen aus der Privathaftpflicht um 10 Prozent sinken." Der Schadensreferent wird dafür sorgen, dass solche Anweisungen nicht sein Problem sind, sondern Ihres.
Apropos Problem: Glauben Sie nicht, dass jeder Schadensreferent ein ausgebildeter Jurist ist, nur weil er Verträge und Gesetze analysieren muss. Die Praxis sieht anders aus. Schadensreferenten können sich irren, glauen Sie uns. Und sagen Sie das Ihrem Freund, dem Versicherungsberater.

Das Call Center

Immer öfter bieten Versicherungen den Service, Schadensmeldungen via Telefon zu erledigen. Ihr Gesprächspartner ist weder Fachmann noch entscheidungsberechtigt. Die klugen Fragen stehen auf einem Fragebogen. Befolgen Sie also die Tipps für Schadensmeldungen auf der nächsten Doppelseite, bevor Sie anrufen.

So schreiben Sie Ihre Schadensmeldung

Eine korrekt erstattete Schadensmeldung ist unentbehrlich für eine zufrieden stellende Abwicklung eines Versicherungsfalles. Mit diesen Regeln verzehnfachen Sie Ihre Chance: So zahlt auch Ihre Versicherung.

1. Sehen Sie in den Bedingungen nach

Das ist die wichtigste Regel, missachten Sie sie nie: Bevor Sie eine Schadensmeldung schreiben, nehmen Sie die Versicherungsbedingungen zur Hand, die Ihnen vom Vertreter übergeben oder zugeschickt wurden, und lesen Sie sorgfältig alle relevanten Punkte durch. In der Polizze nachzusehen ist dafür KEIN Ersatz, die Angaben dort sind nur Zusammenfassungen.

2. Wenn nötig: Erstatten Sie Anzeige

Wenn der Schadensfall anzeigepflichtig ist, so tun Sie das sofort, nachdem Sie die Bedingungen gelesen haben.

3. Rufen Sie Ihren Vertreter an

Vergessen Sie nicht: Ihr Vertreter sollte Ihr Freund sein. Rufen Sie ihn an, erklären Sie ihm Ihren Fall. Er steht Ihnen mit Rat und Tat zur Seite.

4. Halten Sie sich kurz

Jedes Wort zu viel ist schlecht. Missverständnisse resultieren oft daraus, dass Nebensächliches erwähnt wird. Konzentrieren Sie sich auf das Wesentliche.

5. Vergessen Sie nichts Wesentliches

Was wurde wann, wie und durch wen beschädigt. Listen Sie alle Schäden auf.

6. Bleiben Sie konkret

Umschreiben Sie nichts, verwenden Sie keine mehrdeutigen Worte, vermeiden Sie Ironie, Sarkasmus oder Gags.

7. Reagieren Sie schnell

Versicherungen prüfen Schadensmeldungen immer wieder nach, je mehr Zeit vergeht, desto schwerer ist das oft. Liegt die Verantwortung dafür bei Ihnen, kann unter Umständen die Zahlung mangels Überprüfbarkeit verweigert werden.

8. Legen Sie Fotos und Rechnungen bei

Damit beweisen Sie Ihre Schäden und die Kosten für die Wiedergutmachung. Teure und ungewöhnliche Gegenstände sollten Sie zur Sicherheit ohnehin fotografieren, bevor ein Schaden eintritt. Damit Sie z. B. beweisen können, dass Sie den Familienschmuck überhaupt besessen haben, den Sie nun als gestohlen melden ...

9. Zeugenaussagen schaden nicht

Manche Schäden sind die Folge von unglaublichen Zufällen. Zeugenaussagen steigern die Glaubwürdigkeit.

10. Geben Sie an, wie Ihre Angaben überprüft werden können

Falls Fotos, Rechnungen und schriftliche Zeugenaussagen nicht reichen: Wo, wie und wann lassen sich Ihre Angaben überprüfen? In welcher Werkstatt steht der Unfallwagen?

Drei Tipps noch

Gleich geht's los mit den Fallbeispielen. Drei grundlegende Tipps müssen wir aber noch loswerden. Damit es nicht an Grundsätzlichem scheitert.

1. Ein klarer Verstand siegt

Wer betrunken ist oder unter dem Einfluss nicht legalisierter Drogen steht, verliert nahezu immer seinen Versicherungsschutz.

2. Boshafte verlieren

Wer Menschen, Tieren oder Gegenständen mit Absicht oder in rücksichtsloser Fahrlässigkeit Schaden zufügt, verliert nahezu immer seinen Versicherungsschutz.

3. Gesetzestreue zahlt sich aus

Illegale Tätigkeiten lassen sich per definitionem in kein Versicherungsgesetz pressen. Wer gegen das Gesetz verstößt, verliert nahezu immer seinen Versicherungsschutz.

WE
PAY
FOR
NOBODY

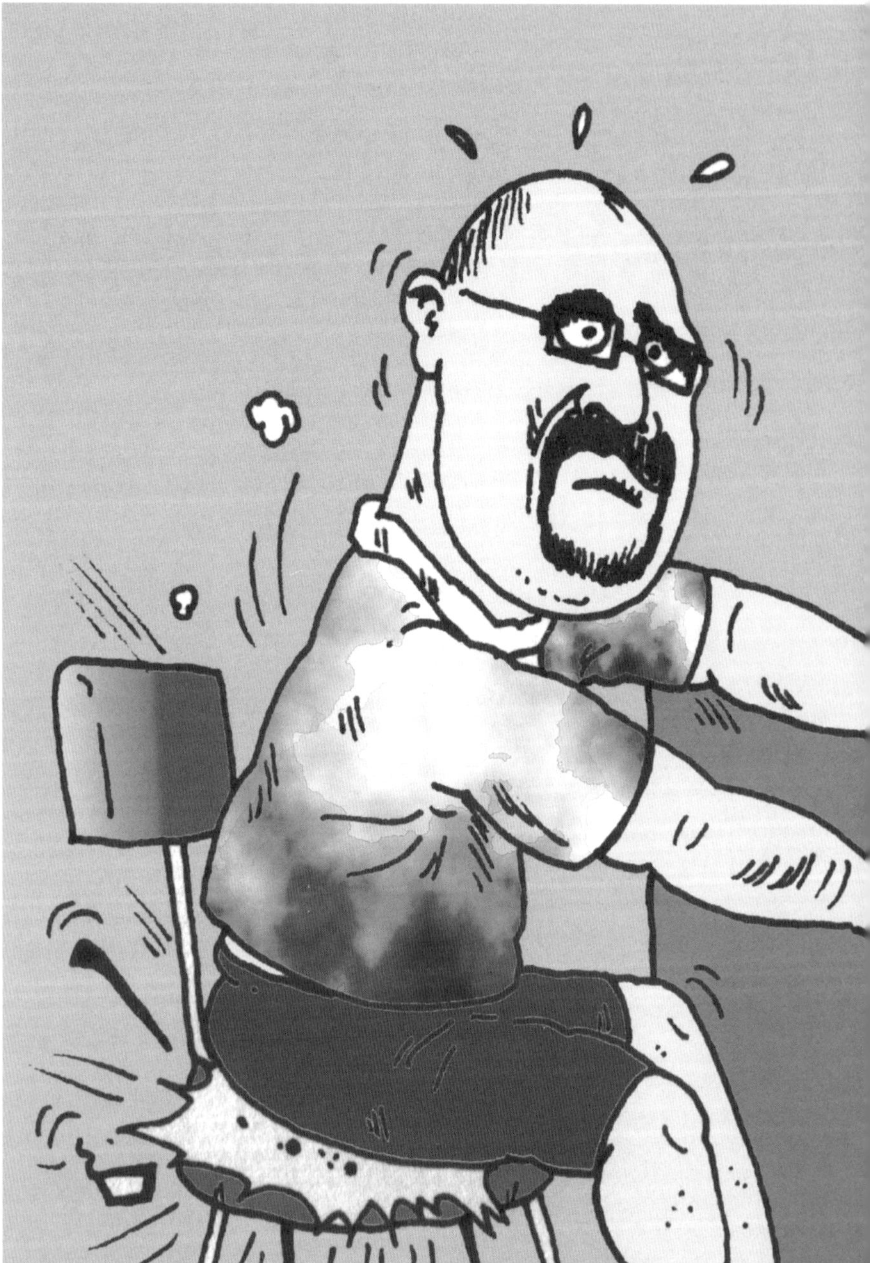

Teil 2
Elementar-versicherungen

Bye-bye, Brille

Ein Klassiker aus dem Versicherungswesen: Peter setzt sich auf die Brille seines Freundes Emil. Kein Problem, denkt er, das zahlt ja meine Haftpflichtversicherung. Aber so einfach ist der Fall nicht.

„Ist jemand zu Hause?“, ruft Peter.
„Die Tür ist offen, komm rein“, antwortet sein Freund Emil. „Ich arbeite in der Küche …“
„Was machst du denn?“, fragt Peter, als er die Küche betritt. Werkzeug ist über den Boden verstreut. Sein Freund liegt am Boden; nur die Beine sind zu sehen, der Oberkörper ist im Küchenverbau verschwunden. „Der Abfluss ist mal wieder verstopft. Kannst du mir mal den Gummihammer geben?“
Peter tut, wie ihm geheißen. „Wie lange brauchst du noch?“
„Bin’s gleich. Nimm mal kurz Platz, dauert nicht lange“, sagt Emil.
Peter zieht einen Stuhl unter dem Küchentisch gleich neben Emils Beinen hervor und setzt sich. Es knirscht komisch.
„Aber pass auf meine Brille auf!“, sagt Emil.
„Ah … ja“, murmelt Peter. „Das ist wohl ein wenig zu spät …“

Die Schadensmeldung

… Weil Emil K. kurzsichtig ist und der Platz unter dem Abfluss sehr beengt ist, nahm er zum Arbeiten seine Brille ab und legte sie auf den Sessel neben dem Arbeitsplatz. Als ich später hinzukam, übersah ich diese Brille und setzte mich darauf. Eine Bestätigung des Optikers über die Unreparierbarkeit und die Rechnung für eine Ersatzbrille liegen dieser Schadensmeldung bei …

„Glaubst du, dass die zahlen?“, fragt ihn Emil, als sie einige Tage später den Brief an Peters Versicherung schicken.
„Na hoffentlich, wozu hab ich eine Haftpflichtversicherung?“
„Ich hab da einen Cousin“, sagt Emil, „dem ist was Ähnliches passiert. Der setzte sich am Beifahrersitz seiner Freundin auf ihre Sonnenbrille. Da hat die Versicherung auch nicht bezahlt. Weil es fahrlässig von ihr war, die Brille dorthin zu legen.
Aber du musstest die Brille ja zum Arbeiten abnehmen. Das habe ich ohnehin in die Schadensmeldung geschrieben.“
Peter ist zuversichtlich – und entsprechend enttäuscht, als er Wochen später einen ablehnenden Brief von der Versicherung bekommt. Schaden nicht gedeckt, heißt es da, wegen Fahrlässigkeit des Geschädigten.
„Ja, wo hätte Emil die Brille denn sonst hinlegen sollen!“, ruft Peter da erzürnt aus.

So zahlt auch Ihre Versicherung

Es gilt grundsätzlich: Mit einer kaputten Brille sollten Sie sich an eine Haftpflichtversicherung wenden. Aus Glasversicherungen sind optische Gläser immer ausgenommen und auch der Rahmen der Brille ist kein Teil des Wohnungsinhalts.
Zu allererst ist es wichtig, den Personenkreis kennen zu lernen, bei dem Ihre Privathaftpflichtversicherung nicht bezahlt. Dies sind Angehörige des Versicherungsnehmers bzw. Mitbewohner im selben Haushalt. Das heißt also: Wer sich auf seine eigene Brille oder die des Ehepartners setzt, hat keinen Anspruch auf Entschädigung. Kommt aber ein Freund zu Besuch und richtet den Schaden an, kann seine Versicherung belangt werden. Umgekehrt haftet natürlich Ihre Versicherung, wenn Sie eine fremde Brille schuldhaft beschädigen.
Entscheidend sind auch die versicherten Handlungen. Ältere Versicherungsbedingungen bieten nämlich keinen Schutz für Schäden, die während einer Handlung entstehen, neuere Polizzen inkludieren schuldhaft begangene Tätigkeitsschäden,

wodurch sich der Versicherungsschutz deutlich verbessert. Schuldhaft muss die Handlung sein, weil das die Grundvoraussetzung für die gesetzliche Haftung ist, die wiederum von der Privathaftpflichtversicherung abgedeckt wird. Diese übernimmt die Erfüllung von Schadensersatzverpflichtungen wegen Personen-, Sach- oder Vermögensschäden, die fahrlässig begangen wurden.

Allerdings darf auch der Geschädigte nicht fahrlässig handeln oder den Schaden bei seiner Tätigkeit bewusst in Kauf nehmen. Dieser Punkt ist vielen Versicherungsnehmern unbekannt und der Grund, warum schon einige Privathaftpflichtschäden abgelehnt wurden.

Wenn jemand die Brille auf einen Sessel legt, muss er mit dem Schadenseintritt mit einer hohen Wahrscheinlichkeit rechnen, nimmt diesen aber in Kauf.

Auf diesen Punkt würde sich eine Versicherung im obigen Fall berufen, denn ein Stuhl ist, ganz logisch, zum Sitzen da. Also muss man damit rechnen, dass sich jemand darauf niederlässt. Daraus folgt, dass Emils Freund die Beschädigung der Brille bewusst in Kauf genommen hat, als er sie auf den Sessel legte. Mit anderen Worten: Auch wenn Peter sich auf die Brille setzt, ist Emil daran schuld. Also zahlt Peters Versicherung keinen Cent, denn Verschulden, wir erinnern uns, ist eine Grundvoraussetzung für die Haftplicht.

Anders ist der Fall, wenn die Brille sich an einem Ort befand, der für ihre Aufbewahrung geeignet ist. Eine normale Tischplatte reicht da schon. Liegt Ihre Brille auf dem Tisch und jemand stellt einen Einkaufskorb oder einen anderen

!! ACHTUNG !!

Vor allem viele ältere Versicherungspolizzen in der Privathaftpflicht haben nur einen geringen Deckungsumfang. Prüfen Sie, ob Ihre Versicherung Tätigkeitsschäden inkludiert, andernfalls erneuern Sie unbedingt die Polizze.

schweren Gegenstand darauf ab, ist seine Handlung fahrlässig und eine Haftung gegeben – und seine Versicherung bezahlt den Schaden. Das gilt auch für Kommoden, Schubladen, Badezimmer-Schränke etc. Im Auto gilt: Liegt Ihre Brille (oder Sonnenbrille) am Beifahrersitz, wenn jemand einsteigt, ist das Ihre Schuld und nicht gedeckt. Liegt die Brille in der Mittelkonsole oder im Handschuhfach und der Beifahrer beschädigt sie, während er nach dem Stadtplan sucht, deckt das seine Versicherung.

Klipp und klar

Es ist möglich, dass dem Schädiger kein schuldhaftes Verhalten trifft, und zwar wenn der Geschädigte durch eine Handlung oder Unterlassung indirekt zum Schaden beigetragen hat. Dann leistet natürlich auch die Haftpflichtversicherung des Schädigers nicht.

Ziemlich günstig ist es auch, wenn der Geschädigte die Brille zum Zeitpunkt des Unglücks trug – zumindest aus versicherungstechnischer Perspektive, der Betroffene mag das in manchen Fällen anders sehen.

Wenn Sie also eine Freundin nach langer, langer Zeit wieder besuchen und voller Freude in den Raum platzen und ihr die Tür gegen die Schläfe knallen … freuen Sie sich: Die Brille zahlt Ihre Versicherung. Oder wenn Sie jemandem stolz Ihr neues Auto zeigen und es auch nicht lassen können, den brummenden Sechszylinder unter der Haube freizulegen, aber dann ebendiese Motorhaube wieder zufallen lassen, bevor er sein ganzes Gesicht darunter hervorziehen konnte … freuen Sie sich: Die Brille zahlt Ihre Versicherung.

Frostige Bedingungen

Der Teufel steckt im Detail. Diese Weisheit gilt nirgendwo so sehr wie bei Versicherungsbedingungen. Aber dafür gibt's ja dieses Buch ...

Frau Helga U. ist schon früh am Morgen ziemlich im Stress. Die ganze Großfamilie wird heute vorbeikommen, um ihrem Mann zum Sechziger zu gratulieren. Da gilt es, groß aufzukochen. Schon vor Tagen hat sie bei einem Biobauern im Nachbardorf Kalbfleisch gekauft, daraus sollen heute saftige Schnitzel werden!

Doch als Helga U. die Kühltruhe öffnet, steigt ihr sofort ein übler Geruch in die Nase. Verfaultes Fleisch! Und dann ist da noch etwas ... Chemisches.

„Das ist das Kühlmittel", sagt ihr Mann Ewald, nachdem er den Schaden besichtigt hat.

„Die schönen Schnitzel, das gute Kalbfleisch!", jammert Helga U.

„Da kann man jetzt nichts mehr machen, Mama", sagt ihre Tochter Brigitte, die vorbeigekommen ist, um beim Kochen zu helfen. „Jetzt räumen wir die Kühltruhe aus, waschen sie und dann bestellen wir Pizzas."

„Pizzas?", fragt Helga U.

„Klar. Wir sollten das kaputte Fleisch übrigens fotografieren", sagt Brigitte. „Damit du das mit der Versicherung regeln kannst."

„Aber ich wollte ja mit Papa auf Urlaub fahren", sagt Helga U.

Aber ihre Tochter beginnt schon die Kühltruhe auszuräumen. „Dann macht das, und wenn ihr zurück seid, schreiben wir den Schadensbericht. Eins nach dem anderen."

Nach dem Fest, das trotz der ungewohnten Pizzas ein recht fröhliches wurde, fahren Helga und Ewald U. für eine Woche auf Urlaub. Als sie zurückkommen, besucht sie ihre Tochter. Die Fotos sind inzwischen entwickelt, zu dritt setzt man die Schadensmeldung auf.

Die Schadensmeldung

`… durch das Auslaufen von Kühlmittel wurden folgende Lebensmittel ungenießbar: […] Fotos der verdorbenen Waren liegen bei, ihr Wert beträgt 250 Euro …`

Eine Woche später kommt ein Anruf von der Versicherung. Wann man einen Sachverständigen vorbeischicken dürfe, erkundigt sich die Dame am Telefon.
„Jederzeit“, sagt Helga U.
Noch am selben Nachmittag kommt der Mitarbeiter der Versicherung vorbei. „Das ist also die fragliche Kühltruhe“, sagt er. „Schon ziemlich alt, das gute Ding. Vermutlich ist der Schaden aufgrund von Alterserscheinungen aufgetreten. Dafür haftet die Versicherung natürlich nicht …“
„Na, so einfach ist das nicht“, sagt Brigitte, die extra vorbeigekommen ist. „Das Gerät wurde erst voriges Jahr repariert und gewartet. Hier ist die Rechnung.“
„Ah ja. Aber Sie hätten den Schaden nicht beseitigen sollen, bevor ich ihn begutachtet habe“, sagt er. „Das steht so in Ihren Versicherungsbedingungen.“
„Bitte? Das Zeug hat schon höllisch gestunken! Und außerdem haben wir’s ja fotografiert.“
„Richtig. Die Fotos sind in den Unterlagen. Das ist aber alles ein Problem. Das Datum, wo Sie den Schaden bemerkt haben, das war der 18., richtig?“
„Ja, am Geburtstag meines Mannes.“
„Soso, gemeldet haben Sie den Vorfall aber erst etwas mehr als eine Woche später.“
„Weil wir auf Urlaub waren.“

Kühli

„Und deswegen haben Sie auch die Lebensmittel fotografiert und konnten mich nicht gleich rufen?"
„Richtig ...", sagt Brigitte langsam.
„Tja, tut mir Leid. Aber in Ihrem Vertrag steht ganz eindeutig, dass Kühlgutschäden über einer Höhe von 75 Euro sofort zu melden sind. Da kann ich jetzt nichts mehr machen."

So zahlt auch Ihre Versicherung

Die Kühlgutversicherung ist ein Zusatzprodukt, das in fast allen neueren Haushaltsversicherungen inkludiert ist. Wie der Name schon sagt, deckt der Versicherungsschutz den Inhalt der Kühltruhe und nicht die Truhe selbst ab. Die wichtigsten durch eine solche Polizze gedeckten Gefahren sind:

Kurzschluss, Isolationsfehler, Überspannung, ferner Schäden infolge Ungeschicklichkeit, Fahrlässigkeit oder Böswilligkeit, Austreten von Kältemittel etc.

Allerdings klingt diese meist auf der ersten Seite der Allgemeinen Bedingungen angeführte Aufzählung leider besser, als sie ist. Um den wahren Deckungsumfang einschätzen zu können, ist es vonnöten, die Versicherungsbedingungen genau nach den nicht versicherten Schäden zu durchforsten, also nach den Ausnahmen.
Hier steht zum Beispiel schwarz auf weiß, dass die Versicherung keinen Schadenersatz leistet, wenn der Schaden als eine Folge gewöhnlicher Abnutzung der Kühleinrichtungen entstanden ist. Haben Sie also einen Kurzschluss in einer zehn Jahre alten Kühltruhe, müssen Sie damit rechnen, dass die Versicherung sich weigert, für die verdorbenen Schnitzel aufzukommen.
Das ist allerdings ein noch nachvollziehbares Detail. Weniger Verständnis hat ein gesunder Hausverstand aber dafür, dass

dieser Hinweis erst im Kleingedruckten hinter `inneren Unruhen, Streik, Kriegsereignissen jeder Art, militärischer Besetzung oder Invasion, […] Erdbeben, […] schädigender Wirkung von Kernenergie` und anderen doch eher unwahrscheinlichen Ausnahmen auftaucht. So wie auch die wirklich nicht unwichtige Tatsache, dass auch Schäden durch

`… vorsätzliche oder grob fahrlässige Handlungen oder Unterlassungen des Versicherungsnehmers oder des Versicherten …`

nicht abgegolten werden. Also: Fahrlässigkeiten sind versichert, das steht auf der ersten Seite. Grobe Fahrlässigkeiten sind nicht versichert, das steht weit hinten, gut versteckt. Aber was gilt nun als grob fahrlässig?

Nun, zum Beispiel nicht exakt die richtige Temperatur oder Luftfeuchtigkeit eingestellt zu haben. Vielleicht sollte man die Frage anders stellen: Wenn schon die falsche Luftfeuchtigkeit grob fahrlässig ist, was ist dann „nur" fahrlässig? Etwa den falschen Gefrierbeutel zu verwenden? Kaum, denn noch weiter hinten in den Bedingungen findet sich der Hinweis darauf, dass Schäden `durch unsachgemäße oder mangelhafte Vorbehandlung oder Verpackung der Ware` ausgenommen sind.

Wenn sich bei Ihnen nun das Gefühl einschleicht, dass die Kühlgutversicherung eigentlich ein

!! ACHTUNG !!

Haushaltsversicherungen sind Pakete, die mehrere Teilversicherungen beinhalten. Obwohl die Vertreter und Makler gesetzlich verpflichtet sind, beim Verkauf alle Bedingungen durchzugehen und zu erklären, geschieht dies in der Praxis oft nicht. Schützen SIe sich vor späteren Überraschungen, indem Sie darauf bestehen, alles im Detail erklärt zu bekommen. Auch, und vor allem, die Ausnahmen.

großer Nepp ist ... nun, dann liegen Sie natürlich völlig falsch. Es gibt durchaus Fälle, in denen sie zahlt. Zum Beispiel für Schäden durch Sturm, Hagel, Schneedruck, Felssturz, Steinschlag und Erdrutsch. Da fragt man sich schon, wo die Versicherungsmathematiker ihre Kühltruhen stehen haben, wenn sie sich vor Felsstürzen fürchten. Das nur am Rande.
Weiters versichert sind Schäden durch Einbruchdiebstahl und Beraubung, Brände und Explosionen. Aber ob Sie sich noch um Ihre Schnitzel sorgen, wenn das ganze Haus abgebrannt ist? Bei Wasserschäden wurden daher vernünftigerweise Überschwemmungen und Hochwasser gleich ausgenommen.

Fazit: Es bleiben drei alltagsrelevante Gründe, aus denen Sie Ihre Kühlgutversicherung zur Kasse bitten können: Blitzschlag, Stromausfall durch Störung im öffentlichen Netz sowie das Austreten von Ammoniak oder anderen Kältemitteln. In den ersten beiden Fällen lässt sich ein Nachweis durch den Wetterbericht oder den Stromversorger erbringen. Beim Austritt von Kältemitteln ist natürlich wieder darauf zu achten, dass der Schaden nicht aufgrund von Altersschwäche des Kühlgeräts erfolgt ist.
Aber selbst wenn Sie das unglaubliche Glück im Unglück haben, Ihr Kühlgut durch einen dieser drei Vorfälle verloren zu haben, lauern noch ein paar Fallstricke auf Sie. So sagen manche Bedingungen zum Beispiel auch, dass ab einer gewissen Schadenssumme (üblicherweise 70 bis 100 Euro) die Schadensmeldung sofort zu machen ist, sonst geht der Anspruch verloren. Auch müssen Sie dem Versicherer die Möglichkeit geben, den Fall zu untersuchen, und bis das geschehen ist, dürfen Sie den Schaden auch nicht verändern. Wenn Sie die verdorbenen Schnitzel also wegwerfen und die Kühltruhe auswaschen oder gar reparieren – machen Sie unbedingt Fotos davon und setzen Sie darauf, dass Ihre Versicherung das akzeptiert.

Der Verstärker-Fall

Im Falle eines Falles zahlt die Elektrogeräte-Zusatzversicherung einfach alles. Sagt der Versicherungsvertreter und hat auch fast damit Recht. Aber leider gibt es auch hier Ausnahmen, die die Regel bestätigen.

„Schau dir meine neue Stereoanlage an. Die spielt alle Stücke“, meint Peter ganz stolz zu Fritz, seinem neuen Freund, einem Versicherungsvertreter. Peter ist ein wahrer Elektronik-Freak. Sein ganzes Erspartes investiert Peter, um die neuesten technischen Errungenschaften bei HiFi und Video zu ergattern. Sein Zuhause erinnert eher an ein Weltraumkontrollcenter als eine gewöhnliche Wohnung – und Peter genießt das so sehr, dass er sich am Telefon sogar immer als „Ground Control“ meldet.
„Damit bist du ja fürs neue Jahrtausend blendend vorbereitet“, meint Fritz.
„Ja, obwohl der Verstärker meiner Stereoanlage noch etwas aufgemotzt gehört, aber dieses Problem wird nächste Woche erledigt“, meint Peter.
„Wie viel Geld steckt da eigentlich drin?“, fragt Fritz und macht eine ausholende Bewegung, die die ganze Wohnung in die Frage einschließt.
„Das ist deutlich fünfstellig“, sagt Peter und fügt hinzu: „In Euro.“
„Wenn du schon so viel Geld investiert hast, sollte es dir auf den einen oder anderen Zehner nicht ankommen. Ich habe da nämlich etwas für dich. Hast du schon einmal etwas von einer Elektrogeräte-Zusatzversicherung gehört?“, fragt Fritz.
„Ja. Aber sind meine Geräte nicht in meiner Haushaltsversicherung eingeschlossen?“
„Nur gegen indirekten Blitzschlag“, meint Fritz, „aber bei Be-

dienungsfehlern, Ungeschicklichkeit, Fahrlässigkeit oder Böswilligkeit etc. hilft dir nur die Elektrogeräte-Zusatzversicherung." Peter horcht auf. Er kann seine Kinder seit Jahren nicht mehr davon abhalten, seine Anlagen zu benutzen. Schnell beschließt er, seine Prachtstücke nochmals zu versichern. Fritz muss ihn gar nicht viel überzeugen, schon unterschreibt er den Versicherungsantrag.
„Ab jetzt kann deinen Lieblingen nichts mehr geschehen", meint Fritz.

Zwei Wochen später schleppt Peter wie angekündigt den neuen Verstärker in seine Wohnung.
Beim Aufsperren seiner Wohnung passiert es. Das Gerät entgleitet Peter und fällt mit einem lauten Krach zu Boden. Schon bevor er die Schachtel öffnet und nachsieht, weiß Peter, dass das teure Teil kaputt ist.
Was für eine Überraschung: Das Technikgenie selbst vergeht sich an seinem neuesten Prachtstück. Beim Abendessen können die beiden Kinder ihre Schadenfreude kaum verbergen und auch seine Frau kann ein Schmunzeln nur mühsam unterdrücken.
„Kränk dich nicht", sagt sie, „hat Fritz nicht gesagt, dass auch Ungeschicklichkeit mitversichert ist?"
„Ich war nicht ungeschickt!", brummt Peter.
„Natürlich nicht", versichert seine Frau ernst.
Peter greift zum Telefon und versucht Fritz zu erreichen. Aber auf der Mailbox seines Freundes kündigt dieser einen längeren Urlaub an. „Sie erreichen mich wieder Ende des Monats", sagt die blechern klingende Stimme.
So lange will ich nicht warten, denkt Peter, sucht die neue Polizze und liest: `Der Versicherer gewährt Versicherungsschutz gegen [...] Ungeschicklichkeit, Fahrlässigkeit, Böswilligkeit etc.`
Kein Problem, denkt Peter und geht daran, die Schadensmeldung für seine Versicherung zu schreiben.

Die Schadensmeldung

... Beim Transport meines neuen Verstärkers ließ ich diesen beim Betreten meiner neuen Wohnung fallen, wodurch dieser völlig zerstört wurde. Rechnung liegt bei ...

Da die Versicherung auf Peters Arbeitsweg liegt, gibt er am nächsten Tag die Schadensmeldung bei seiner Versicherung ab. Die Dame im Kundenservicecenter nimmt diese freundlich in Empfang und verspricht Peter für die schnellstmögliche Erledigung zu sorgen.
Zwei Wochen später erhält Peter einen Brief von der Versicherung.
„Ist ja schnell gegangen“, meint Peter und beginnt zu lesen.
„Lieber Herr ..., bedauerlicherweise müssen wir den Schadenersatz ablehnen.“
Erstaunt sucht sich Peter die neue Polizze und vergewissert sich, ob Ungeschicklichkeit wirklich mitversichert ist. Tatsächlich, da steht es schwarz auf weiß.
Die müssen sich geirrt haben, denkt Peter und ruft Fritz an, der inzwischen aus dem Urlaub zurückgekehrt ist.
„Ach du Schande“, seufzt der. „Da kann ich jetzt auch nichts mehr machen. Transportschäden sind nämlich ausgenommen und du hast in deinem Bericht ja eindeutig geschrieben, dass du den Verstärker gerade transportiert hast.“

So zahlt auch Ihre Versicherung

Die Elektrogeräte-Zusatzversicherung wird nicht umsonst auch die Vollkaskoversicherung der Elektrogeräte genannt. Allerdings gibt es keine Versicherung, die immer leistet. Wie bei anderen Verträgen kommt es auch bei dieser Versicherungsvariante auf die nicht versicherten Ausnahmen an. Die sind oft entscheidend. Der alltagsphilosophische Spruch, dass

Ausnahmen die Regeln bestätigen, trifft auf das Versicherungswesen keinesfalls zu.
Leider stechen die Ausnahmen in den Verträgen nicht so ins Auge und finden sich üblicherweise nicht auf der ersten Seite der Versicherungsbedingungen. Hätte Peter weitergelesen, hätte er sich die Mühe nämlich sparen können, eine solche Schadensmeldung zu schreiben und diese persönlich bei seiner Versicherung abzugeben. Unter dem Punkt „Versicherte Gefahren und Sachen" findet man in den Bedingungen auch die Ausnahmen, unter welchen die Versicherung eine Leistung ablehnen kann. Wenn man danach sucht, springt es einem gleich ins Auge. „Der Versicherungsschutz erstreckt sich nicht auf Schäden, die beim Transport eingetreten sind."
Mit anderen Worten: Peter ist kurz vor dem Ziel gescheitert. Hätte er den Verstärker auf seinen Platz im Regal gestellt und dann ungeschickt hinuntergestoßen, wäre es ein Fall für die Versicherung gewesen.
Hätte er ihn am Boden abgestellt und wäre er darüber gestolpert, wäre der Schaden ebenfalls gedeckt gewesen.
Auch wenn seine Kinder den Verstärker beim Spielen vom Regal gestoßen hätten, wäre die Versicherung eingesprungen.
Aber so ...

Die Taucher

Eduard beschädigt Bernds Unterwasserkamera bei einem gemeinsamen Tauchgang. Hätte er seinen Freund und nicht irgendeinen unbekannten Fisch in den Sucher genommen, wäre er glimpflich davongekommen.

Eduard und Bernd sind gute Freunde, die beinahe jedes Wochenende etwas gemeinsam unternehmen: Motorradausflüge, Mountainbiken, Rafting … Regelmäßig fahren sie auch zum Tauchen an die kroatische Adria.
Meistens ist es Bernd, der diese Abenteuer dokumentiert. Er ist ein leidenschaftlicher Fotograf und hat sich schon vor Jahren eine Unterwasserkamera gekauft. Doch an diesem Tag entdeckt Eduard einen großen, ihm unbekannten Fisch und möchte ihn fotografieren. Er schwimmt zu seinem Buddy, borgt sich die Kamera und jagt dem Tier nach. Mit Erfolg, das Foto gelingt.
Als die beiden auftauchen, erzählt er Bernd davon. Er ist begeistert und gestikuliert wild, während sie aus dem Wasser gehen – rückwärts, wegen der Flossen. Plötzlich stolpert Eduard am steinigen Grund und stürzt. Ungebremst rammt er das Objektiv gegen einen Felsen.
Es zerbricht.

Die Schadensmeldung

… Ich hielt die Unterwasserkamera meines Freundes in den Händen, als wir rückwärts aus dem Wasser gingen. Ich stolperte über einen Stein und verlor wegen der schweren Tauchausrüstung das Gleichgewicht. Beim Sturz zerbrach das Objektiv der Kamera …

Ein klarer Fall, glaubt Eduard. Wieder daheim setzt er den Unfallbericht auf, faxt ihn der Versicherung und ruft seinen Vertreter an.
Der Betreuer ist freundlich und scheint mehr daran interessiert zu sein, wie sich die Adria als Tauchrevier eignet, als an der Höhe des Schadens. Die beiden kommen ins Plaudern und Eduard erzählt von dem ungewöhnlichen Fisch.
„Da bin ich dann eben zu meinem Freund hin und habe ihm signalisiert, dass ich schnell die Kamera brauche!"
„Und hast du den Fisch noch erwischt?", fragt der Betreuer.
„Ja, zum Glück", meint Eduard. „Und das Foto hat auch den Sturz überlebt, weil kein Wasser eingedrungen ist."
„Allerdings ist das leider ein sehr teures Foto!", sagt der Vertreter. „Es tut mir Leid, aber da können wir nichts machen!"
Eduard fällt aus allen Wolken. „Was? Warum?"
„Weil du dir den Fotoapparat ausgeborgt hast. Leihgaben sind in deiner Privathaftpflicht nicht gedeckt."
„Äh …", stammelt Eduard. „Kann man da nichts machen?"

So zahlt auch Ihre Versicherung

In den Allgemeinen Bedingungen zur Haftpflichtversicherung, die Sie sich von Ihrer Versicherung besorgen können, werden Sie ein Kapitel „Ausschlüsse vom Versicherungsschutz" finden, das Sie eingehend studieren sollten. Dort steht, in welchen Fällen die Versicherung nicht zahlt. Zwischen eher außergewöhnlichen Dingen wie der Verseuchung durch radioaktive Stoffe, Terroranschlägen und „gentechnischer Veränderungen am Erbgut in der Keimbahn des Menschen" findet sich versteckt auch ein langer Satz wie folgender:

Die Versicherung erstreckt sich nicht auf Schadensersatzverpflichtungen wegen Schäden an Sachen, die der Versicherungsnehmer oder die für ihn handelnden Personen entliehen, gemie-

```
tet, geleast, gepachtet oder in Verwahrung ge-
nommen haben, sei es auch im Zuge der Verwah-
rung als Nebenverpflichtung.
```

Wenn Sie die Kamera kurz halten, während der Besitzer seine Flossen auszieht, sollte das nicht als „in Verwahrung nehmen" gelten und der Schaden gedeckt sein.
Auch wenn Ihr Freund Sie bittet, mit seiner Kamera ein Foto von ihm zu machen, und Sie sind so ungeschickt, das gute Ding fallen zu lassen, sollte das Ihre Versicherung decken.
Am besten ist allerdings, Ihr Freund hält seinen Fotoapparat selbst, während sie beide rückwärts aus dem Wasser gehen. Wenn Sie dann stolpern, ihn umreißen und so die Kamera beschädigen, ist der Fall eindeutig, sofern Sie ein Verschulden trifft.

Ähnlich ist die Sachlage im nächsten Beispiel, auch wenn die Ausgangssituation völlig anders aussieht.

!! ACHTUNG !!

Wie der Name schon sagt, gelten Privathaftpflichtversicherungen im privaten Umfeld. Ein Tauchlehrer mit eigenem Tauchklub kann diesen Schaden nicht über seine Privathaftpflichtversicherung einreichen.

Die verschwundene Disk

Viktor neigt dazu, DVDs erst nach Ermahnungen in die Videothek zurückzubringen. Als eine verschwindet, wendet er sich an seine Versicherung.

Man kennt das ja: Man kommt nicht und nicht dazu, ins Kino zu gehen und sich diesen tollen neuen Film anzusehen. Monate später die zweite Chance, man eilt in die Videothek, holt sich die Kassette bzw. neuerdings die DVD, zieht sich das gute Ding rein und dann – kommt man wieder nicht dazu, es zurückzubringen. Tage vergehen, der Preis steigt, das schlechte Gewissen wächst und irgendwann ruft die Videothek an und hätte ihr Eigentum gern zurück.
Blöd, wenn man's dann nicht mehr findet. So wie Viktor S., der sich den ersten Teil der „Herr der Ringe"-Verfilmung mit seiner Freundin gemütlich daheim ansehen will, bevor sie ins Kino gingen, um den zweiten Teil zu sehen. Als vier Wochen später die Videothek anruft, fällt Viktor S. aus allen Wolken. Er hatte die DVD bereits vergessen, hat sie schon lange nirgendwo mehr herumliegen gesehen. Hektisch durchwühlt er seine Junggesellenwohnung, zuerst alleine, dann mit Hilfe seiner Freundin, aber es bleibt dabei: Der Film ist weg. Verschollen im Nirwana oder in einer falschen Hülle in der umfangreichen CD-Sammlung.
Als die Videothek eine Woche später erneut anruft, bittet Viktor S. zerknirscht darum, man möge ihm doch eine Rechnung schicken, für die Leihdauer und den Film. Das lässt sich schon über die Versicherung regeln, denkt Viktor.
Schlampig, wie er ist, nimmt er es auch mit der Wahrheit nicht immer ganz genau und beschließt seine Versicherung anzulügen.

Die Schadensmeldung

`… schüttete ich Fruchtsirup über die DVD, ohne es zu bemerken. Der Sirup trocknete und ließ sich nicht mehr entfernen. Anbei die Rechnung der Videothek …`

Drei Wochen später – Viktor hatte den Fall schon wieder vergessen – kam ein Brief von der Versicherung. Viktor las ihn gar nicht genau durch. Sobald er das Wort „abgelehnt“ las, griff er zum Telefon.
Doch das Gespräch mit seinem Versicherungsbetreuer war kurz und freudlos: Gemietete Gegenstände sind nicht gedeckt. Punkt. Viktor S. musste die Rechnung aus eigener Tasche bezahlen – immerhin satte 250 Euro.

So zahlt auch Ihre Versicherung

Daran ist nicht zu rütteln: Haftpflichtversicherungen decken keine Gegenstände ab, die sich der Versicherte ausgeborgt hat. Keine Chance, egal ob die DVD nun verlegt oder zerstört ist. Aber Achtung, genau lesen: Das gilt für Dinge, die *der Versicherte* ausleiht. Wenn also Sie eine DVD kaputtmachen, die Ihr(e) Freund(in) ausgeborgt hat, ist das gedeckt. Und wenn Ihr(e) Freund(in) auf Besuch vorbeikommt und eine DVD beschädigt, dann zahlt das seine/ihre Versicherung (wenn die Verschuldensfrage geklärt ist und auch alle anderen Tatbestandsmerkmale erfüllt sind). Es kommt also drauf an, *wer* den Fruchtsirup über die Datenseite schüttet.

Klipp und klar

Gegenstände, die gemietet, geleast, gepachtet oder ausgeborgt sind oder für eine dritte Person aufbewahrt werden, sind von Privathaftpflichtversicherungen ausgenommen.

Ein Lichtlein brennt

Kaffeekränzchen im Hause S. Plötzlich dringt eine schwarze Rauchwolke aus dem Wohnzimmer. Heldenhaft wirft sich ein Freund der Familie in die Flammen – und versengt sich dabei den Hosenboden.

Sonntag Nachmittag ist bei Familie S. immer volles Haus. Drei Töchter, deren Freunde, deren Cliquen, dazu noch Onkel, Tanten, Cousins und gelegentlich die Großmutter – alle kommen immer wieder gern zum Kaffee. Man sitzt in der Küche, tratscht, lacht und trinkt auch die eine oder andere Flasche Rotwein. Besonderer Trubel herrscht in der Adventzeit, wenn es Gebäck und Lebkuchen im Überfluss gibt. Doch eines Tages findet der Spaß ein abruptes Ende.
„Brennt hier was?“, fragt Werner, der Hausherr.
Blitzschnell dreht sich seine Frau Linde zum Backrohr: „Also, mein Kuchen ist's nicht!“
„Äh ...“, sagt die jüngste Tochter.
„Wahrscheinlich“, fällt ihr Onkel Peter ins Wort, „hat jemand seine Zigarette nicht ausgedämpft.“
„Äh, nein ...“, sagt die jüngste Tochter.
„Na dann“, fällt ihr Tante Ingrid ins Wort, „ist es vielleicht doch der Kuchen.“
„Äh, sicher nicht ...“, sagt die jüngste Tochter.
„Nein, sicher nicht ...“, sagt die Mutter.
„Verdammt!“, fällt ihr die jüngste Tochter ins Wort, „DAS WOHNZIMMER BRENNT!“
Wie mit glühenden Nadeln gepiekst springen da plötzlich alle von ihren Sesseln hoch. Unter der Wohnzimmertür quellen schon dicke, schwarze Rauchwolken hervor.
„Der Adventkranz!“, ruft der Herr des Hauses.
„Hilfe naht!“, ruft Marcel, ein Freund der Familie, schnappt sich

eine Jeansjacke und hält sie sich vor den Mund. Ohne Rücksicht auf Leib und Leben stürzt er sich in das Inferno. Der ganze Raum ist erfüllt mit Rauch. Die Tischdecke, garantiert nicht aus reiner Baumwolle, brennt, qualmt und stinkt recht giftig. Marcel fackelt nicht lange und löscht die Flammen mit seiner Jacke. Gut, dass Jeans nicht verbrennen, sondern nur – versengen ...

Die Schadensmeldung

... Während eines Kaffeekränzchens fing der Adventkranz Feuer. Beschädigt wurden durch den Brand: die Tischdecke, der Tisch und eine Jeansjacke. Schäden am Gebäude umfassen ...

Familie S. bietet Marcel an, sich um die Abwicklung der Versicherungsformalitäten zu kümmern, und nimmt die Jeansjacke in ihre Schadensmeldung auf. (Prinzipiell könnte Marcel auch eine eigene Meldung verfassen und an den Haushaltsversicherer seiner Freunde senden.)

Die Versicherung schickt einen Sachverständigen, der die Schäden begutachten soll, vor allem um die Abgeltung für die verrußten Wände etc. festzustellen. Er sieht sich alles an und stellt einige Fragen: „Na Gott sei Dank haben Sie den Kaffee im Wohnzimmer zu sich genommen. Wer weiß, was sonst noch alles geschehen wäre."

„Wir waren nicht im Wohnzimmer, wir waren in der Küche und ich habe als Erste den Brand bemerkt", meint stolz die jüngste Tochter.

Die Miene des Sachverständigen ändert sich. Werner ist sich nicht mehr ganz sicher, ob er nun auch wirklich stolz auf seine Kleine sein soll.

„Wart ihr alle in der Küche?", fragt der Sachverständige.

Das Mädchen nickt.

„Und wer war in der Küche?"

„Alle. Die Oma, die Tante ...", fährt die Kleine fort.

„Und der Adventkranz hat da gebrannt?“, unterbricht sie der Sachverständige. Sie nickt wieder.
„Und wie lange wart ihr nicht im Zimmer?“, fragt der Sachverständige. Jetzt zuckt das Mädchen mit den Schultern. Der Sachverständige richtet seinen Blick auf den Vater.
Der räuspert sich und murmelt dann leise: „Ein paar Minuten.“
„Aber Papa“, fällt ihm seine Tochter ins Wort. „Das war sicher eine halbe Stunde.“
„Tja, in diesem Fall müssen wir leider von einer Entschädigungsleistung absehen“, sagt der Sachverständige streng. „Sie haben gegen die Versicherungsbedingungen verstoßen.“

So zahlt auch Ihre Versicherung

Zum Thema „Advent, Advent, ein Lichtlein brennt“ muss man zunächst darauf hinweisen, dass bei der Feuerversicherung die Allgemeinen Bedingungen der Sachversicherung zur Anwendung gelangen.
Diese besagen, dass bei Vorsatz und grober Fahrlässigkeit die Versicherung von der Leistung befreit ist. Zünden Sie also eine Kerze an und verlassen Sie den Raum, könnte Ihr Versicherungsschutz in Gefahr geraten.
Ausschlaggebend hierfür ist der Zeitraum, während dessen Sie den Adventkranz (oder andere Kerzen) nicht beaufsichtigt haben. Wobei allerdings keine genauen Zeitgrenzen definiert sind. Das Oberlandesgericht Hamburg befand:

… Objektiv liegt eine erhebliche Leichtfertigkeit darin, angesichts der von einer offenen Flamme ausgehenden Brandgefahr zwei brennende Adventskerzen während eines Zeitraumes von 15 bis 20 Minuten sich selbst zu überlassen …

Es empfiehlt sich daher dringend, die Kerzen beim Verlassen des Raums nicht brennen zu lassen, um keine unschöne Bescherung zu erleben – oder eben den Raum nur ganz kurz zu verlassen.

> **!! ACHTUNG !!**
>
> Die Feuerversicherung unterliegt den Allgemeinen Bedingungen für die Sachversicherung. Vorsatz und grobe Fahrlässigkeit führen zur Leistungsfreiheit. Es ist grob fahrlässig, Kerzen über einen längeren Zeitraum unbeaufsichtigt brennen zu lassen. Das kurzfristige Verlassen des Raums ist erlaubt.

Besondere Beachtung verdient sich in diesem Beispiel die versengte Jeansjacke.
Ein Sengschaden ist laut Definition ein örtlich begrenzter Schaden durch Hitzeeinwirkung, der durch Verfärbung der versengten Sache sichtbar wird. Sengschäden müssen nur als unvermeidliche Folge eines Schadensereignisses von der Versicherung bezahlt werden. Im Klartext heißt das: Versengen Sie Ihren Pullover mit einer Zigarette, ist die Versicherung von der Leistung frei. Wird er aber bei einem als Schaden geltenden Brand versengt, muss die Versicherung zahlen. Hier kommt noch dazu, dass die Jeansjacke verwendet wurde, um das Feuer zu löschen. Damit hat Marcel richtig gehandelt, denn laut Versicherungsbedingungen existiert eine Rettungspflicht: Es muss versucht werden, Schäden abzuwenden. Fallen dadurch Kosten an, wie die zu bezahlende versengte Jacke, sind diese Kosten gedeckt:

Versicherte Kosten: Kosten für Maßnahmen, auch für erfolglose, die der Versicherungsnehmer bei einem Schadensereignis zur Abwendung oder Minderung des Schadens für notwendig halten durfte.

Die Formulierung „für notwendig halten durfte“ lässt zwar einen gewissen Spielraum für Interpretationen, aber in Not- und Ausnahmesituationen wie einem Zimmerbrand darf man eine ziemlich breite Palette an Maßnahmen für nötig halten. Ein Freibrief, alles ins Feuer zu werfen, was man gerne von der Versicherung abgelöst hätte, ist dieser Passus aber nicht. Nehmen wir an, der Adventkranz entzündet sich auf einem großen Marmortisch, mit keiner Möglichkeit, auf andere Möbel überzugreifen. In dieser Situation werden wohl weder Versicherung noch Richter Verständnis dafür haben, dass Sie zum Löschen den 10.000-Euro-Perserteppich verwenden, den Sie schon seit zwei Jahren zum Verkauf inserieren.

Klipp und klar

Versicherungen müssen Kosten für Maßnahmen, die zur Abwendung eines Schadens führen, ersetzen. Auch wenn der dadurch entstandene Schaden selbst nicht versichert ist.

Wasser und Feuer

Herr Martin K. ist erfolgreich, nicht zuletzt auch wegen seiner Umsicht. Daher schloss er für seine Seehütte natürlich auch eine Feuerversicherung ab. Nach dem Brand erlebte er aber eine Überraschung: Der Schaden war kaum der Rede – und auch keiner Zahlung – wert.

Martin K. ist ein erfolgreicher Unternehmensberater aus München, der im New-Economy-Boom viel Geld gemacht hat – und es irgendwie schaffte, den größten Teil davon zu behalten. Nicht zuletzt auch deswegen, weil er umsichtig genug war, rechtzeitig in Schönes und Bleibendes zu investieren.
Wie seine Seehütte am Neusiedler See im Osten Österreichs, in die er sich mehrmals im Jahr für ein paar Tage zurückzieht, um sich total zu entspannen. Dort sitzt er dann, umgeben von Wasser, Schilf und Störchen – manchmal auch von ein paar guten Freunden, trinkt Weine von lokalen Winzern, segelt ein paar Stunden mit dem eigenen kleinen Boot und macht auch sonst noch alles Mögliche, nur eines nicht: sich Sorgen. Daher ist die kleine Blockhütte, die auf Stelzen weit draußen im Schilfgürtel des seichten Sees steht, auch gegen alles versichert. Einbruch, Sturm, Feuer ... alles abgedeckt, glaubt Herr Martin K. Er hat die Verträge dazu extra bei der österreichischen Tochterfirma jener Versicherung abgeschlossen, bei der auch seine Wohnung in München versichert ist. Die Polizzen, so hat er sich noch versichern lassen, sind praktisch identisch.
So ist der Schreck auch nicht zu groß, als ihn eines Tages ein Bekannter anruft, dem die Nachbarhütte am See gehört, um ihm von einem Schilfbrand zu berichten.
„Wir haben ohnehin noch Glück im Unglück gehabt", sagt sein Freund. „Ein Blitz hat das Schilf in Brand gesetzt, das Ufer ist

auf sieben oder acht Kilometern Länge abgebrannt – und ausgerechnet bei unseren Hütten gelang es der Feuerwehr, die Flammen zu stoppen. Andere hatten weniger Glück, denen ist die ganze Hütte abgebrannt."

„Und wie groß ist bei uns der Schaden?", fragt Martin K.

„Nicht dramatisch. Es ist alles schwarz von Ruß und Rauch. Am besten kommst du am Wochenende mal her und siehst es dir an."

Am Wochenende fährt Herr K. an den See, im Handschuhfach alle Versicherungspolizzen. Es zeigt sich, dass sein Nachbar die Situation richtig beschrieben hat: Eine riesige Fläche abgebrannter, schwarzer Stummel von Schilfhalmen grenzt direkt an die Hütte, doch nur einen Meter entfernt endet diese Zone der Verwüstung. Hütte und Segelboot scheinen unversehrt zu sein. Martin K. kann sich ein Lächeln nicht verkneifen. Erst als er alles genau unter die Lupe nimmt, merkt er, dass die Abdeckplane des Bootes an einer Seite kohlschwarz ist. „Verdammt, das Feuer war wirklich nahe!" sagt er. „Aber wenigstens bekomme ich jetzt ein wenig von den Versicherungsprämien zurück."

Die Schadensmeldung

... Das vermutlich durch Blitzschlag ausgelöste Schilffeuer konnte von der Feuerwehr zum Glück daran gehindert werden, auf mein Haus überzugreifen. Auch mein Segelboot wurde gerettet – allerdings versengten die Flammen die teure Abdeckplane ...

Als Martin K. zwei Wochen später wieder ein Anruf aus Österreich erreicht, ist es sein Versicherungsvertreter.

„Herr K.", sagt dieser, „es tut mir sehr Leid, aber wir können die Abdeckplane nicht ersetzen!"

„Warum?" K.s Tonfall ist scharf. „Ich bin doch gegen Feuerschäden versichert." Er erwartet keinen Widerspruch. Und tat-

POLIZZE

sächlich gibt ihm der Mann von der Versicherung Recht – teilweise.
„Nun ja, das ist richtig. Sie haben eine Eigenheim- und eine Hausratsversicherung abgeschlossen, aber da Segelbootabdeckungen weder Bestandteile des Eigenheims noch des Haushalts sind, besteht leider kein Vertrag, aus dem wir zu einer Leistung verpflichtet sind."
„Das kann nicht sein!", brüllt K. „Bei meiner Versicherung in Deutschland ..."
„... ist es sicher genau so", fällt ihm der andere ins Wort. „Sehen Sie in den Vertragsbedingungen nach, Sie werden sehen ..."

So zahlt auch Ihre Versicherung

Die Plane eines Segelbootes ist weder Bestandteil des Eigenheims noch des Wohnungsinhalts. In den meisten Versicherungsbedingungen wird sogar explixit darauf verwiesen, dummerweise bekommt man diese meistens erst nach Abschluss des Vertrags zugesandt. Ebenso explizit ausgeschlossen sind `Kraftfahrzeuge aller Art und deren Anhänger, Motorfahrräder, Motorboote samt Zubehör, Luftfahrzeuge und Handelswaren aller Art.` Ein Traktor, der in einer brennenden und feuerversicherten Scheune steht, ist also nicht gedeckt. Allerdings besteht die Möglichkeit, den Deckungsumfang der Versicherung auf die genannten Sachen zu erweitern.
Zurück aber zur Segelbootabdeckung. Für die Versicherung besteht Zahlungspflicht, wenn die Plane beschädigt worden wäre, während sie zur Rettung der Seehütte eingesetzt wurde. Schließlich hat man als Versicherungsnehmer die Pflicht, den Schaden für die Versicherung so gering wie möglich zu halten. Und die Plane ist deutlich billiger als die Hütte. Dabei wäre es sogar egal, ob die Rettung der Hütte geklappt hat – der Versuch allein reicht zur Deckung des Schadens.

Feuer gefangen

Ein offener Kamin – was gibt es Schöneres? Aber bei aller Romantik sollte man nicht vergessen, dass jedes offene Feuer eine Gefahrenquelle ist.

Heinz und Maritta haben lange auf diesen Weihnachtsabend gewartet. Nach einem jahrelangen heimlichen Verhältnis ließen sie beide im letzten Jahr ihre Ehen scheiden. Nun sind sie auch offiziell ein Paar und dieser Heilige Abend ist der erste, den sie als Familie feiern.
Heinz will seiner Geliebten einen Heiratsantrag machen. Daher hat er in seiner Dachgeschoss-Wohnung alles für einen romantischen Abend vorbereitet. Der Champagner ist gekühlt, der Kamin brennt und davor hat er ein Lager aus Decken und Polstern errichtet. Ganz wie in einem kitschigen Film. Maritta ist begeistert. Irgendwie ahnt sie, worauf dieser Abend hinausläuft. Und sie freut sich. Ob Heinz ihr den Ring als Weihnachtsgeschenk überreicht?
Nein, tut er nicht. Sein Präsent ist zwar klein, aber weich. Als Maritta es aufreißt, findet sie darin den Hermés-Seidenschal, den sie erst vor zwei Wochen in einer Auslage bewundert hat. Schön, dass er es bemerkt hat. Aber ein Verlobungsring wäre ihr lieber gewesen. Sie ist bemüht, sich nichts anmerken zu lassen, als sie Heinz eine neue Füllfeder schenkt. Damit könnte er den Ehevertrag unterschreiben ...
Heinz lächelt still in sich hinein. Natürlich weiß er, was Maritta denkt. Und der Verlobungsring brennt geradezu in der Tasche seines Sakkos. Er wundert sich, dass sie die kleine Beule scheinbar nicht bemerkt. Lass sie noch ein wenig braten, denkt er und sagt: „Champagner, Schatz?"
„Gerne!"
„Dann nimm Platz in unserem Liebesnest!", sagt Heinz und

macht eine einladende Bewegung zu dem Kissenlager vor dem Kamin.
„Wie romantisch!“, sagt Maritta.
„Warte ab, wie romantisch das heute noch wird“, sagt er und lächelt. „Ich hole den Champagner!“
Heinz eilt in die Küche. Maritta weiß, dass es ihm gegenüber unfair ist, aber sie kann nicht anders: Sie ist enttäuscht. Natürlich ist der Seidenschal schön, aber ... Mit einem Seufzer lässt sie ihn fallen und sinkt auf einen dicken Polster.
Als er den Champagnerkübel in die Hand nimmt, merkt Heinz, was er vergessen hat: Es ist kein Eis im Kühlschrank. Was soll's, Schnee von der Dachterrasse tut's auch, denkt er, eilt wieder ins Wohnzimmer und öffnet die Tür zur Terrasse. Ein Windstoß fährt in den Raum und der Schal – landet direkt im knisternden Kamin.
Maritta schreit erschrocken auf.
Heinz schlägt die Tür wieder zu, aber zu spät. Binnen Sekunden ist der Schal verbrannt.
Heinz versucht die Situation lässig zu überspielen. „Tja, dann schulde ich dir wohl einen neuen“, sagt er und denkt: Autsch, war das teuer. Hoffentlich zahlt das meine Versicherung.

Die Schadensmeldung

... `Der Schal meiner Freundin fiel in den Kamin und verbrannte, Rechnung liegt bei` ...

Wochen später. „Schau, mein Schatz. Die Versicherung hat dir geschrieben“, meint Maritta, die gerade dabei ist, den Brief zu öffnen.
„Gib ihn mir bitte“, meint Heinz, der so schnell wie nie um die Ecke kommt. Er öffnet den Brief und beginnt zu lesen: „... leider ablehnen ...“
„Aber Heinzchen, warum ist dein Kopf so rot?“, fragt Maritta.
„Autsch“, stammelt er nur.

So zahlt auch Ihre Versicherung

In den Allgemeinen Bedingungen einer marktüblichen Feuerversicherung steht:

```
Soweit nichts anderes vereinbart ist, sind
nicht versichert: […] Schäden an Sachen, die
in ein Nutzfeuer fallen oder geworfen werden.
```

Deshalb lehnt eine Versicherung die Zahlung aufgrund der obigen Schadensmeldung ab. Heinz schrieb ja, dass der Schal in den Kamin gefallen ist. Sie sollten also zunächst sorgfältiger formulieren und klar hervorstreichen, dass der Schal weder gefallen ist noch geworfen wurde, sondern vom Wind ins Feuer geweht wurde.
Diese Argumentation reicht aber vermutlich noch nicht aus. Wenn die Versicherung nicht zahlen will, wird sie den Standpunkt einnehmen, dass das sehr wohl ein Fall von „fallen" ist. Dann wären Sie auf einen wohlgesonnenen Richter angewiesen, der Ihnen glaubt und auch Ihre Interpretation teilt.
Besser ist es, gleich ein Ansuchen auf Kulanz oder eine freiwillige Hilfe zu stellen. Dabei gilt: Je mehr Verträge Sie bei der betroffenen Versicherung abgeschlossen haben, je höhere Prämien Sie bezahlen und je weniger Schäden Sie schon ausbezahlt bekamen, desto besser Ihre Chancen.

(K)ein Scherbenhaufen

Beim Weihnachtsputz zerbricht die Glasvitrine im Wohnzimmer von Familie R. Auch die teuren Rotweingläser landen unsanft am Parkett. Kein Problem, denkt Renate R., wir sind gegen Glasbruch versichert. Doch ganz so einfach ist das nicht.

„Wer hat eigentlich diesen Unsinn erfunden, dass Weihnachten die besinnlichste Zeit des Jahres ist?", fragt sich Renate R., während sie rastlos wie ein Derwisch durch die Wohnung wirbelt, um alles für das große Familienfest in Ordnung zu bringen. Eigentlich ist ja ein Feiertag, aber davon merkt Frau R. nichts; seit den Morgenstunden schuftet sie ohne Pause. Alles soll perfekt sein, wenn am Abend Eltern und Schwiegereltern und ihr Bruder mit seiner Familie vorbeikommen.
Ihr Mann beschäftigt sich derweil mit den beiden kleinen Kindern und scheint es schon als wichtigen Beitrag zu erachten, ihr nicht in die Quere zu kommen. Am späten Nachmittag, während Frau R. damit beschäftigt ist, praktisch gleichzeitig zu kochen und das Badezimmer auf Hochglanz zu polieren, beginnen die drei den Christbaum festlich zu schmücken. Bunte Kugeln, Girlanden, Lametta, Schokolade, Bonbons und Wunderkerzen werden ausgepackt und aufgehängt.
Kurz vor 18 Uhr: Die Wohnung blitzt, das Essen ist fertig und jeden Moment kommen die Gäste. Renate R. geht ins Wohnzimmer, um einen Blick auf den Christbaum zu werfen – und erstarrt. Der Boden ist voller Lametta, Fichtennadeln und zerknüllter Bonbon-Verpackungen. Frau R. verschiebt den Nervenzusammenbruch, schnappt Besen und Schaufel und macht nochmals die Arbeit, die eigentlich schon am Vormittag erledigt war.
„Kann ich dir was helfen, Schatz?", fragt ihr Mann.

„Schenk schon mal den Roten ein“, sagt sie.
Er öffnet die Vitrine. „Was meinst du, den Blaufränkischen?“
„Mmm“, macht Frau R., während sie niederkniet, um die letzten Nadeln auf die Schaufel zu kehren. Da läutet es.
„Ich geh schon“, sagt er.
Frau R. legt noch eine bunte Bonbonverpackung auf die Schaufel. Fertig, weg damit! Sie steht auf – und plötzlich kracht es. Die Weingläser fallen aus der Vitrine, ihre Scherben zischen über den Boden.
Herr R. und seine Eltern stehen in der Tür und schauen verblüfft. „Frohe Weihnachten“, sagt Frau R.
„Scherben bringen Glück“, sagt ihre Schwiegermutter.

Die Schadensmeldung

… Beim Reinigen des Bodens stieß ich mit dem Besenstiel gegen eine Glasplatte in unserer Vitrine und sie zerbrach. Die 12 Rotweingläser auf dieser Platte fielen zu Boden und sind allesamt kaputt …

Frau Renate R. schickt den Bericht an ihre Versicherung, samt Kostenvoranschlag für die Reparatur der Vitrine und der Rechnung vom Kauf der Gläser. Wenige Wochen später überweist die Versicherung das Geld – aber nur für den Schaden an der Vitrine. „Das tut mir Leid, aber die Weingläser sind nicht gedeckt“, erklärt ihr der Versicherungsmakler, als ihn Frau R. daraufhin anruft.

So zahlt auch Ihre Versicherung

Je nach Unternehmen, Versicherungsprodukt und Datum des Vertragsabschlusses kann ihre Polizze unterschiedliche Deckungsumfänge haben. Die Polizze selbst gibt darüber aber keine Auskunft. Daher ist es zunächst wesentlich, dass Sie ei-

nen Blick in die Vertragsgrundlagen Ihrer Haushaltsversicherung werfen.
Im Kapitel Glasbruch finden Sie eine Klausel, die ausdrücklich auflistet, welche Schäden inkludiert sind, und eine weitere Klausel, die Auskunft darüber gibt, was vom Versicherungsschutz ausgenommen ist. Dabei zeigt sich oft, dass die Glasversicherung sich keineswegs nur auf Glas beschränken muss. Manchmal sind z. B. die Scheiben von Duschkabinen inkludiert, auch wenn sie aus Kunststoff sind. Auch Ceran-Kochplatten werden oft abgedeckt. Dafür sind Lampen, Trinkgläser, optische Gläser und kleine Handspiegel nicht versichert (an der Wand hängende Spiegel aber schon ...).

Klipp und klar

Haushaltsversicherungen decken normalerweise nur Schäden an Flachgläsern ab, etwa Fensterscheiben oder Tischplatten.
Trinkgläser etc. können je nach Fall aber durch eine Privathaftpflichtversicherung oder etwa eine Sturmschadenversicherung gedeckt sein.

Dazu kommt: Sie werden in Ihrer Haushaltsversicherung auch eine Klausel finden, die Folgeschäden ausschließt. Wenn also ein durch die Versicherung gedecktes Glas bricht und dadurch andere Gegenstände beschädigt werden, zahlt die Versicherung nur für die Glasplatte. Die teure Vase aus der Ming-Dynastie, die auf dem Tisch stand, ist nicht gedeckt.
Anders ist die Situation, wenn kein Familienmitglied den Schaden verursacht hat, sondern ein Außenstehender mit Privathaftpflichtversicherung. Wenn also etwa Ihr Arbeitskollege vorbeikommt, über die Teppichkante stolpert und dabei Vitrine und Weingläser beschädigt, ist das kein Fall für Ihre Haushaltsversicherung, sondern seine Haftpflicht.
P.S.: So klappt's auch mit dem Nachbarn.

Glas, klar. Ein Hammer!

Die Putzfrau beschädigt den Glastisch. Nicht wirklich schlimm, nur so ein bisschen. Leider.

Nicki K. ist Junggeselle und hat eine Designerwohnung. Das bedeutet: Er hat wenige Möbel, aber viel Unordnung. Deswegen beschäftigt er einmal die Woche eine Putzfrau, die wenigstens für ein paar Stunden Ordnung in sein Chaos bringt. Frau Tanja ist sehr umsichtig und sorgfältig, ein nicht zu ersetzendes Juwel, eine Virtuosin mit dem Staubwedel, eine Meisterin des Wischmobs und die Grande Dame des Staubsaugens.
Doch einmal passiert auch Frau Tanja ein Missgeschick. Sie hebt die Glasplatte von Nickis Wohnzimmertisch an, um sie zu polieren – da rutscht ihr das Ding aus den Fingern. Ein zwei Zentimeter langer, fünf Millimeter breiter Splitter bricht von der Platte ab. Frau Tanja ist das irrsinnig peinlich, doch Nicki winkt ab. Die Versicherung wird's schon richten.

Die Schadensmeldung

… Beim Reinigen des Tisches rutschte mir die gläserne Platte aus der Hand. Dabei splitterte die Kante auf einer Länge von mehreren Zentimetern ab. …

Nicki weiß, dass Glasbruch in seiner Haushaltsversicherung enthalten ist. Er weiß aber nicht, ob die Arbeit von Angestellten oder Hausbediensteten davon auch betroffen ist.
Also beschließt er kurzerhand, Frau Tanja aus dem Spiel zu lassen und die Schuld auf sich zu nehmen.
Nicki schickt den Bericht an seine Versicherung und glaubt,

!! ACHTUNG !!

Glasbruch heißt so, weil eine Glasscheibe zerbricht. Kratzer und andere Schäden an der Oberfläche und Beschichtungen sind in der Versicherung folglich nicht inkludiert. Auch kleine Absplitterungen an den Kanten gelten als „normale" Abnützungserscheinungen und sind nicht gedeckt.

dass damit alles erledigt ist. Flache Glasplatten sind ja inkludiert in seiner Haushaltsversicherung, das weiß er sicher.

Dennoch kommt einige Wochen später ein ablehnender Brief. In der abgeschlossenen Versicherung, so heißt es darin, sei Glasbruch versichert, nicht aber ganz normale Abnützungserscheinungen wie das Absplittern der Kanten.

Nicki ruft seinen Versicherungsvertreter an.

„Gibt's da denn keine Möglichkeit?", fragt er.

„Nicht über die Haushaltsversicherung", sagt der Vertreter und gibt noch einen Tipp, wie Nicki sich vielleicht Geld von der Konkurrenz holen kann: „Aber kennen Sie niemand, der haftpflichtversichert ist?"

Frau Tanja hat tatsächlich eine Privathaftpflichtversicherung. Als Nicki sie anruft und bittet, den Schaden über ihre Versicherung abzuwickeln, willigt sie ein und ruft sofort ihren eigenen Betreuer an.

Aber auch der winkt ab: „Da der Schaden im Zuge Ihrer Tätigkeit als Putzfrau auftritt, ist die Deckung der *Privat*haftpflichtversicherung hier nicht gegeben. Hätten Sie Herrn K. privat besucht und den Tisch beschädigt, wäre das natürlich etwas anderes ..."

„Kann man da gar nichts machen?", fragt Frau Tanja. „Mir ist das so peinlich ..."

„Na ja, es gäbe da schon eine Möglichkeit, wie die Versicherung von Herrn K. zahlen müsste ..."

So zahlt auch Ihre Versicherung

Belästigen Sie Ihren Versicherungsvertreter nicht mit Kleinigkeiten, die ohnehin nicht gedeckt sind. Da könnte ja jeder kommen. Versicherungsmenschen sind viel beschäftigte Frauen und Männer, die sich um kleine Absplitterungen oder Kratzer nicht kümmern können.

Aber wenn Ihnen, nur so zum Beispiel, ein Hammer durch den Glastisch fällt ...

Allerdings: das muss Ihnen schon aus Tollpatschigkeit passieren. Denn wie bei allen Elementarversicherungen finden auch bei der Glasbruchversicherung die Allgemeinen Bedingungen für die Sachversicherung ihre Anwendung. Diese besagen, dass `der Versicherer von der Verpflichtung zur Leistung frei ist, wenn der Schadensfall [...] auf Vorsatz oder grober Fahrlässigkeit beruht.`

Also handeln Sie bitte keinesfalls vorsätzlich oder schwer fahrlässig. Wenn dem so ist, können Sie Ihren Betreuer anrufen und auf eine Leistung Ihrer Glasversicherung pochen. Dafür kriegen Sie eine neue Tischplatte und das zahlt sich aus.

Wer sich ein Bild macht ...

... hat bei der Versicherung schlechte Karten. Wer dagegen bereits im Bilde ist und auch nicht aus dem Rahmen fällt, ist besser dran. Kryptisch? I wo, gar nicht!

Noch mal das Thema Glasbruch: Beim Entrümpeln des Kellers entdeckt Andrea F. Zeichnungen aus ihrer Kindheit. Einfache Strichmännchen, mit unsicherer Hand und viel zu grellen Farben aufs Papier gebracht. Eine tolle Erinnerung.
Andrea F. beschließt, ein besonders schönes Bild einrahmen zu lassen, und bringt es in ein Fachgeschäft. Als sie es eine Woche später wieder holt, währt die Freude nur kurz.

Die Schadensmeldung

... Nachdem ich das Bild aus der Werkstätte holte, lud ich es in den Kofferraum meines Autos und schützte es mit eigens mitgenommenen Decken und Polstern. Daheim angekommen stellte ich es im Vorraum ab. Als ich das Bild am Abend aufhängen wollte und auspackte, war die Glasscheibe zerbrochen ...

Andrea F. faxt diesen Bericht an ihre Versicherung. Wenige Minuten später ruft schon ihr Versicherungsvertreter an.
„Hallo, ich habe Ihren Bericht bekommen und noch eine Frage", sagt er.
„Ja?", fragt Andrea langsam. Sie ahnt schon, dass es jetzt um eine Kleinigkeit geht, die entscheidend ist.
„War die Scheibe schon zerbrochen, als Sie in der Wohnung angekommen sind?"
Andrea zögert. Sie weiß es nicht. Aber was soll sie sagen?

So zahlt auch Ihre Versicherung

Lesen Sie in den Vertragsgrundlagen Ihrer Eigenheimversicherung nach. Sie werden beim Thema Glas unter den Ausschlussgründen auch einen Absatz finden, der etwa so klingt:

`Nicht versichert sind Schäden, die vor dem ordnunggemäßen Einsetzen, beim Einsetzen, beim Herausnehmen, beim Transport oder bei Reparaturarbeiten an den Gläsern bzw. an deren Fassungen und Umrahmungen entstehen.`

Also: Wenn Sie das Bild aus der Werkstätte nach Hause transportieren und die Scheibe dabei zerbricht, zahlt Ihre Versicherung nicht. Wenn Sie mit einem unbeschädigten Bild daheim ankommen, es sorgfältig abstellen und dann erst ein Schaden auftritt, dann schon.

Wenn Ihnen das Bild beim Einrahmen runterfällt und die Glasscheibe zerbricht, zahlt Ihre Versicherung nicht. Wenn das Bild davor 5 Minuten an der Wand hing, dann schon.

Wenn Sie die Scheibe zum Putzen aus dem Rahmen genommen haben, zahlt Ihre Versicherung nicht. Wenn die Scheibe im Rahmen war und das Bild als Ganzes zu Boden fiel – dann schon.

Quadratmeter zählen

Ein weit verbreiteter Irrtum betrifft zu geringe Versicherungssummen. Denn die Deckung gilt anteilsmäßig und nicht immer bis zum dem Betrag, der in der Polizze steht.

Oma war schon eine großartige Frau, denkt Anna wehmütig, als sie auf der Terrasse ihrer neuen Wohnung steht – in der ihre Großmutter bis vor wenigen Wochen noch gelebt hat. Nun hat Anna das Schmuckstück geerbt, samt der alten, wertvollen Möbel. „Ich werde hier nicht viel ändern müssen", meint sie.

Annas gesamte Familie lebt in einem kleinen Dorf, in dem jeder jeden kennt. Und wie es auf dem Land üblich ist, bleibt man auch hier am liebsten unter sich. Das heißt, man kauft nur mit schlechtem Gewissen im Supermarkt und daher die Kleinigkeiten beim Greißler ums Eck, geht sonntags in die Kirche, trifft sich danach beim Dorfwirten und schließt seine Versicherungen beim ortsansässigen Vertreter ab.

So ist es auch in Annas Familie. Jahrzehntelang hat Herr Gscheidt die Familie versicherungstechnisch begleitet. Er ist bereits über 30 Jahre im Geschäft und gilt als ein „alter Hase", der jeden Schlich in der Branche kennt und im Zweifelsfall eher auf Seiten seiner Klienten als seiner Versicherung steht. Deswegen bleiben ihm auch alle Kunden treu und vertrauen ihm blind.

Anna ist daher auch nicht überrascht, als Herr Gscheidt sie gleich an dem Tag anruft, als sie Großmutters Wohnung bezieht. Sie erkennt seine Telefonnummer am Display und meldet sich gleich mit: „Hallo, Herr Gscheidt!"

„Grüß Gott, gnädige Frau." Der Versicherungsvertreter ist ein höflicher, korrekter Herr. Nachdem er ihr seine tiefe Betroffenheit mitgeteilt hat – immerhin kannte er Annas Großmutter,

seit er selbst ein kleiner Junge war –, kommt Gscheidt ohne Umwege zum Grund seines Anrufs.
„Ich habe gehört, dass Sie die Wohnung Ihrer Großmutter geerbt haben."
„Das stimmt. Ich bin gerade dabei, einzuziehen", sagt Anna.
„Auch das habe ich gehört", sagt Herr Gscheidt und in seiner Stimme schwingt ein wenig Stolz darüber mit, dass ihm kein Detail des Dorflebens verborgen bleibt. „Liebe Anna, es geht um die Wohnungsversicherung Ihrer Großmutter. Wollen Sie diese übernehmen?"
„Wenn das möglich ist, warum nicht?", meint Anna.
„Gut, dann schreibe ich die Versicherung auf Sie um. Wir müssten uns nur zusammensetzen, um die Versicherung anzupassen. Es hat sich ja einiges geändert."
„Was ist denn anzupassen?", fragt Anna
„Nun ja, der Vertrag ist schon etwas älter und da müssen wir prüfen, ob die Versicherungssumme noch stimmt. Das glaube ich nämlich nicht."
„Auf welche Summe bin ich denn versichert?", fragt Anna.
„Auf 20.000 Euro. Und das erscheint mir etwas wenig zu sein", sagt Herr Gscheidt.
Annas Blick schweift prüfend über die Einrichtungsgegenstände. Alles zusammen ist sicher mehr wert, denkt sie. Aber ich bin gerade so knapp bei Kasse ...
In diesem Moment läutet es an der Eingangstüre. „Ich glaube, da haben Sie Recht, Herr Gscheidt", sagt Anna. „Aber lassen Sie mir noch etwas Zeit, bis der Umzug endgültig über Bühne gegangen ist."
„Aber Sie sollten nichts riskieren!"
„Da haben Sie schon Recht, aber mit 20.000 Euro bin ich ja auch nicht gerade unversichert. Es wird schon nichts Schlimmeres geschehen. Ich rufe Sie in den nächsten Wochen an und wir vereinbaren einen Termin."
„Aber ..."
„Ich muss jetzt aufhören", sagt Anna und legt schnell auf. Das

war sicher sehr unhöflich, aber so nett Herr Gscheidt auch ist, manchmal ist er einfach lästig.
Anna sollte sich irren. Nur drei Tage später geschieht das Schlimme: In Annas Wohnung tobt ein Küchenbrand. Olivenöl, das sie zu lange am Herd stehen gelassen hatte, hat sich entzündet. Die Flammen greifen sofort auf die Kücheneinrichtung aus den Siebzigern über. Binnen weniger Minuten dringen aus der Wohnung tiefschwarze Rauchschwaden. Die Feuerwehr rast herbei und löscht den Brand. Anna ist geschockt, aber körperlich ist ihr nichts zugestoßen. Als sie die Wohnung wieder betritt, wird das Ausmaß des Schadens offenbar: Die Küche ist komplett ausgebrannt, die Einrichtung kaputt, die Tapeten schwarz von Ruß. „Gott sei Dank habe ich die Versicherung meiner Großmutter übernommen", sagt Anna laut. „Glaubst du, es kostet mehr als 20.000 Euro, das wieder herzurichten?", fragt sie ihre Mutter, die natürlich, so schnell es ging vorbeigekommen war.
„Nein, da hast du Glück im Unglück gehabt", sagt sie.
Anna greift zum Handy und ruft Herrn Gscheidt an, um ihm den Schaden zu melden.
„Ich hab's schon gehört", sagt dieser. „Ich werde morgen mit einem Sachverständigen vorbeikommen."
Die Besichtigung des Schadens dauert am nächsten Tag nur wenige Minuten. Der Sachverständige murmelt die ganze Zeit vor sich hin und macht Notizen. Anna und Herr Gscheidt schauen ihm zu. Der Versicherungsvertreter ist auffallend schweigsam und Anna befürchtet schon, dass die Schätzung eine böse Überraschung ergeben wird.
„Na ja", sagt der Sachverständige schließlich, „so um die 10.000 Euro, würde ich sagen."
Anna verkneift sich ein Lächeln. Die Renovierung wird sie selbst in die Hand nehmen, außerdem nur eine billige Küche kaufen, vielleicht bleibt da ja noch etwas Geld übrig.
„Ich schicke Ihnen die Papiere", sagt der Sachverständige, als er geht. Herr Gscheidt verabschiedet sich und sagt nichts.

Die Schadensmeldung

… Küchenbrand am 4. Juni, geschätzter Schaden 10.000 Euro …

Da ihre Wohnung unbewohnbar geworden ist, zieht Anna für die nächsten Wochen wieder heim zu ihrer Mutter. Dort wartet sie ungeduldig auf das Geld von der Versicherung, um die neue Küche anzahlen zu können. Drei Wochen später bekommt sie einen Brief.

„Da habe ich wirklich Glück gehabt, dass kein größerer Schaden eingetreten ist. Stell dir vor, die ganze Wohnung wäre abgebrannt. Dann hätte ich nur 20.000 Euro bekommen ...“, sagt Anna, während sie das Kuvert aufreißt.

„Wie gesagt: Glück im Unglück“, meint Annas Mutter. „Was schreiben sie denn?“

Sehr geehrte Frau […] Der Wert Ihrer Wohnung wurde nach Quadratmeterbewertung auf 80.000 Euro geschätzt. Die Versicherungssumme beträgt 20.000 Euro. Wir freuen uns, Ihnen 2.500 Euro zu überweisen.

Erschrocken sinkt Anna zusammen. „Das muss ein Missverständnis sein. Vielleicht eine Teilzahlung! Ich rufe sofort Herrn Gscheidt an, der kann dieses Missverständnis sicher aufklären.“

Doch Anna täuscht sich und nun weiß sie auch, warum ihr Versicherungsvertreter bei der Schadensbesichtigung zu schweigsam war. Die Entschädigungsumme, erklärt er ihr nun, wird anteilsmäßig berechnet. In den Allgemeinen Bedingungen für die Sachversicherung ist der entsprechende Passus zu finden. Er lautet:

Ist die Versicherungssumme niedriger als der Versicherungswert […], wird der Schaden nur nach dem Verhältnis der Versicherungssumme zum Versicherungswert ersetzt.

Der Sachverständige hatte die Wohnung auf einen Wert geschätzt, der viermal höher als die Versicherungssumme war. Anders gesagt: Die Wohnung war nur zu einem Viertel versichert, also wird nur ein Viertel des Schadens bezahlt. Und nicht der ganze Betrag bis zur Versicherungshöhe.

So zahlt auch Ihre Versicherung

Das Prinzip, nach dem dieser Fall beurteilt und erledigt wurde, ist das der Unterversicherung.
Wert der Wohnung, Versicherungssumme und die Schadenshöhe sind die Kriterien, die zur Bewertung der Entschädigungszahlung herangezogen werden.
Unterversicherungen treten vor allem bei alten Verträgen auf, aber nicht nur, weil die Wohnungsausstattungen teurer wurden. Früher schätzte der Versicherungsvertreter den Wert einer Wohnung beim Vertragsabschluss – normalerweise ohne eine entsprechende Ausbildung zum Sachverständigen erhalten zu haben. Als Hilfsmittel standen ihm lediglich seine Erfahrung und eine Haushaltscheckliste, mittels der er versuchte die Einrichtungsgegenstände zu bewerten, zur Verfügung.
Dass diese Methode ungeeignet ist, um den wahren Wert der Wohnung festzustellen, leuchtet ein. Außerdem führte natürlich eine niedrigere Versicherungssumme zu einer günstigeren Prämie, und wenn der Kunde nicht leicht zu überzeugen war oder einen Rabatt wollte, dann war es die einfachste Möglichkeit für den Verkäufer, den Wert der Wohnung niedriger zu schätzen.
Daher wenden Versicherungen seit einiger Zeit die Quadratmetermethode an. Hier wird davon ausgegangen, dass in einer durchschnittlichen Wohnung pro Quadratmeter Einrichtungsgegenstände im Wert von rund 1000 Euro (schwankt von

Gesellschaft zu Gesellschaft) an vorhanden ist. Die Versicherungssumme (und Prämienhöhe) richtet sich also nach der Wohnfläche.
Dieselbe Methode wird angewandt, um im Schadensfall den Wert der Wohnung zu bestimmen – daher kann es im Fall eines alten, zu niedrig angesetzten Versicherungsvertrages zu einer Differenz kommen. Das nennt man Unterversicherung. In diesem Fall wird der Schaden direkt proportional zur Deckung wieder gutgemacht. Das heißt nichts anderes, als dass bei einer Unterversicherung von 50 Prozent auch nur die Hälfte des Schadens beglichen wird, beträgt die Versicherungssumme 75 Prozent, erhält man drei Viertel des Schadens bezahlt und so weiter.
Daher sollten Sie umgehend Ihre Polizzen kontrollieren oder Ihren Vertreter anrufen und um eine Überprüfung bitten. Warten Sie damit nicht, bis ein Schaden aufgetreten ist.
In diesem Fall würde Ihnen nur die Möglichkeit bleiben, einen eigenen Sachverständigen (auf eigene Kosten) zu engagieren, der bestätigt, dass der Wert der Wohnung nicht dem Schätzwert der Versicherung entspricht und daher keine Unterversicherung vorliegt. Allerdings ist das Versicherungsunternehmen keineswegs gezwungen, diese Sichtweise zu übernehmen, und wird das aller Wahrscheinlichkeit nach auch nicht tun. Der nächste Schritt wäre ein Prozess. Auch den müssten Sie auf eigene Kosten führen – und in Anbetracht des langen Atems, den Versicherungen haben, ist das kaum eine verlockende Perspektive.
Achten Sie also unbedingt darauf, Unterversicherungen zu vermeiden.

72 Stunden Spaß

Als Thomas aus dem Wochenendurlaub nach Hause kommt, steht sein Keller unter Wasser. Aber er hat ja eine Leitungswasserversicherung mit Soforthilfe ...

Die Schneekristalle glänzen in der Morgensonne. Thomas steht am Balkon und blickt in die verschneite Landschaft. Wenig später ist es endlich so weit. Thomas montiert bereits in aller Früh die Schi, damit er der Erste auf dem Hang ist. Ein verlängertes Wochenende steht vor der Tür und ungetrübtem Pistenzauber nichts im Weg.
Thomas ist ein begeisterter Wintersportler. Sobald der erste Schnee fällt, hält ihn nichts mehr. Er wohnt zwar in einem kleinen Haus in der Nähe von Wien, wo ihn der Job hinverschlagen hat, seine Familie stammt aber aus einem winzigen Alpendorf, und wann immer sich die Gelegenheit bietet, fährt er heim. In solchen Fällen passt dann ein Nachbar auf das Haus bei Wien auf, aber viel ist da ohnehin nicht zu tun ...
Erst Sonntag nach dem Mittagessen begibt sich Thomas wieder Richtung Stadt. Als er dort eintrifft, dämmert es bereits und im Haus ist es ein wenig kalt. Thomas eilt gleich in den Keller, um seine kleine Sauna einzuheizen und das Wochenende entspannt ausklingen zu lassen.
Doch kaum dreht er das Licht auf, sieht Thomas schon das Malheur. Der ganze Keller steht unter Wasser. Eine schöne Bescherung.
„Wo finde ich um diese Uhrzeit an einem Sonntag nur jemanden, der mir helfen kann?", fragt sich Thomas eine Schrecksekunde lang, aber dann erinnert er sich düster, dass bei seiner Versicherung auch ein Soforthilfeservice inkludiert sein sollte.
Schnell eilt er zu seinem Dokumentenordner – und tatsächlich, eine in der Polizze fett gedruckte Telefonnummer ver-

spricht Hilfe. Thomas greift zum Handy, es läutet einmal und die Stimme einer Telefonistin aus dem Callcenter meldet sich. Nachdem Thomas seine Polizzennummer bekannt gegeben hat, fordert ihn die Dame auf, ihr den Schaden zu schildern, um schnell helfen zu können.

„Ich war Schi fahren, und als ich nach Hause kam, war mein Keller schon völlig überflutet."

„Wissen Sie, was schuld an der Überschwemmung ist?"

„Ich weiß nicht, deswegen brauche ich ja Handwerker. Möglicherweise ein defekter Dichtungsring", rät Thomas.

„Und als Sie fortgefahren sind, haben Sie da schon etwas bemerkt?"

„Am Donnerstag? Nein, da war noch alles in Ordnung! Mein Nachbar hat am Freitag das letzte Mal kontrolliert, auch da war noch alles okay. Ich kann ihn auch nochmals fragen."

„Ist nicht nötig. Haben Sie das verlängerte Wochenende für einen Kurzurlaub genutzt?"

„Ja, es wäre doch schade, wenn man bei so einem Wetter zu Hause bleiben würde!", meint Thomas.

„Gut, ich werde mich um einen Installateur kümmern", sagt die nette Dame am anderen Ende der Leitung.

„Danke, und ich setze mich mit meiner Versicherung in Verbindung und melde den Vorfall."

„Das ist nicht mehr nötig, Sie werden angerufen. Ich leite die Schadensmeldung gleich elektronisch an Ihren Schadensreferenten weiter. "

„Die Schadensmeldung haben Sie auch schon aufgenommen?", fragt Thomas.

„Ja, ich lese Sie Ihnen nochmals vor."

Die Schadensmeldung

... Nachdem ich von einem Winterurlaub von Donnerstag bis Sonntag zurückgekommen bin, entdeckte ich einen Wasserschaden [...] Schadensursache ist vermutlich die Dichtung ...

„Das passt so“, sagt Thomas.
Wenig später treffen die Handwerker ein und begutachten die Situation. „Das ist wirklich die Dichtung“, meint einer. Dann reparieren sie den Schaden und pumpen den Keller leer.
„Das hat fantastisch funktioniert“, meint Thomas und ist am nächsten Tag noch begeisterter von der Effizienz seiner Versicherung, als ihn gleich früh morgens der Schadensreferent anruft. Die Freude vergeht ihm aber schnell.
„Sie waren von Donnerstag Morgen bis Sonntag am Abend Schi fahren?“, fragt der Schadensreferent.
„Ja“, bestätigt Thomas.
„Die Wasserleitung haben Sie nicht abgesperrt?“
„Äh ... nein. Aber mein Nachbar hat am Freitag das Haus nochmals kontrolliert.“
„Das nützt leider nichts. Laut unseren Versicherungsbedingungen ist es Ihre Pflicht, die wasserführenden Leitungen abzusperren, wenn Sie Ihr Haus für länger als 72 Stunden verlassen.“
„Aber mein Nachbar ...“, stammelt Thomas noch einmal.
„Das ist egal“, unterbricht ihn der Schadensreferent.

So zahlt auch Ihre Versicherung

Der Deckungsumfang einer Leitungswasserversicherung steht ganz vorne in den Bedingungen und ist auf den ersten Blick recht klar:

`Versichert sind Schäden, die durch unmittelbare Einwirkung von Leitungswasser eintreten, das aus wasserführenden Rohrleitungen, Armaturen oder angeschlossenen Einrichtungen austritt.`

Viele Versicherungen decken zusätzlich auch Korrosionsschäden an den Leitungen ab. Angesichts der modernen Kunst-

stoffrohre ist das aber eher vernachlässigbar. In neueren Polizzen sind auch Dichtungsschäden mitversichert, allerdings werden Verschleißteile nicht bezahlt. Wenn nun der Gummidichtungsring als Verschleißteil definiert wird, so stellt sich die Frage nach der Sinnhaftigkeit der ganzen Regel.
Wie bei den meisten Versicherungsbedingungen wäre es auch bei der Leitungswasserversicherung dem Kunden gegenüber fairer, wenn die Ausnahmen bzw. die zu erfüllenden Obliegenheiten prominenter in den Bedingungen angeführt würden. Im Kleingedruckten findet sich nämlich die Verpflichtung des Kunden, seine Wasserzuleitungen abzusperren, wenn er sein Haus 72 Stunden verlässt. Und dort findet sich auch der Passus, dass eine fallweise Begehung des Gebäudes nicht genügt. Verletzt man diese Obliegenheit, so führt dies zur Leistungsfreiheit der Versicherung. Ausnahme: Ist die Leitung ein Zuleitungsrohr zu wasserführenden Schutzeinrichtungen wie einer Sprinkleranlage, ist diese nicht abzusperren (Maßnahmen gegen Frostschäden sind aber zu treffen).
Es nützt also nichts: Waren Sie 72 Stunden lang nicht daheim, müssen Sie für alle Schäden selbst aufkommen.

Wie steht es mit den Reparaturkosten? Versicherungen bieten immer mehr Soforthilfeservices. Der Kunde erhält eine meist kostenlose Telefonnummer, unter der er Schäden melden kann und ihm rasche Hilfe geboten wird. Gerade der Konkurrenzdruck hat auch hier den Deckungsumfang immer größer werden lassen. Einige sehr empfehlenswerte Anbieter übernehmen Reparaturkosten auch bei nicht gedeckten Schäden bis zu einer limitierten Summe (220 Euro). Mit einer solchen Versicherung könnten Sie also wenigstens einen Teil der Handwerkerkosten wieder hereinbekommen.

Teil 3
Fahrzeug-versicherungen

Der Hase und der BMW

Eine junge Autofahrerin weicht einem über die Straße laufenden Hasen aus und kracht gegen einen Baum. Die entscheidende Frage, nämlich ob das Tier ihr Fahrzeug berührt hat, kann sie nicht beantworten. Das kostet sie 12.000 Euro.

Ulli N. ist stolze Besitzerin eines fast neuen BMWs. Und sie ist eine grenzenlose Tierliebhaberin. Als eines Morgens plötzlich ein Hase nur wenige Meter vor ihrem Auto auf die Straße springt, zögert sie keine Sekunde und verreißt das Lenkrad. Der BMW kommt ins Schleudern, Ulli verliert die Kontrolle über den Wagen. Sie schießt über die linke Straßenseite hinaus und rammt einen Baum. Zum Glück bleibt sie unverletzt – aber das schöne Auto ist ein Wrack. Der Hase ist nicht zu sehen und Ulli sucht auch nicht nach ihm. Sie steht unter leichtem Schock, möchte nichts wie heim.
Dort beruhigt sie sich zuerst, ruft dann einen Abschleppdienst an, informiert die Polizei und schreibt den Bericht für die Versicherung. Sie hat Teilkasko mit Wildschaden – vielleicht ist der Unfall ja gedeckt …

Die Schadensmeldung

… Plötzlich lief ein Hase auf die Straße. Ich erschrak und verriss das Lenkrad. Dadurch verlor ich die Kontrolle über mein Fahrzeug und prallte gegen einen Baum auf der anderen Straßenseite …

Am Tag nachdem Ulli N. ihre Schadensmeldung abgegeben hat, ruft ihr Versicherungsvertreter an. Er ist freundlich und

besorgt; erkundigt sich, ob etwas wehtut. „Das Wichtigste ist, dass du gesund bist!“, sagt er. Ulli stimmt zu und erzählt ihrem Betreuer den Unfall, wie sie ihn erlebt hat.
„Was ist eigentlich mit dem Hasen passiert?“, fragt er.
„Ich weiß nicht“, sagt Ulli. „Ich hab ihn nicht mehr gesehen.“
„Na wenn du drübergefahren bist, wird er wohl tot sein.“
„Vielleicht hat er ja Glück gehabt und ich habe ihn gar nicht erwischt“, sagt Ulli. „Schließlich hab ich das Lenkrad ja verrissen, um den armen Kerl zu retten.“
„Oh, das ist aber ein Problem, Ulli“, sagt der Betreuer. Und: „Unser Sachverständiger will das Auto sehen.“ Davon war bisher keine Rede. „Wenn du den Hasen nicht berührt hast, gilt der Unfall nicht als Wildschaden! Das würde mir Leid tun.“
Ulli erschrickt. Am Auto hat sie keine Spur von Blut oder Fell entdeckt. Und auch der Sachverständige findet später keine. Die Versicherung erkennt den Wildschaden nicht an, Ulli muss die Reparatur aus eigener Tasche bezahlen. Immerhin 12.000 Euro.

So zahlt auch Ihre Versicherung

Bei einer Teilkasko-Versicherung ist Wildschaden inkludiert. Genau genommen ist `die Berührung des in Bewegung befindlichen Fahrzeuges mit Haarwild auf Straßen mit öffentlichem Verkehr` versichert.

Beachten Sie das Wort „Haarwild“. Da Vögel bekanntlich keine Haare, sondern Federn haben, sind Unfälle mit Wildtieren wie Fasanen oder Habichten vom Versicherungsschutz ausgenommen. Auch Haus- und Nutztiere wie Katzen, Hunde, Schafe und Rinder fallen nicht unter obige Definition. Allerdings werden sie von einigen Anbietern zusätzlich in den Versicherungsschutz inkludiert.
Als Wild im Sinne der Versicherungsbedingungen gelten also Hirsche, Rehe, Wildschweine oder wie in unserem Beispiel ein

Hase. Versichert sind nicht nur Schäden durch den Aufprall selbst, sondern auch Folgeschäden, etwa wenn man von der Straße abkommt.
Doch leider fand im obigen Fall keinerlei Berührung mit dem Tier statt. Daher zählt der Crash mit dem Baum auch nicht als Folgeschaden.

Allerdings ist noch nicht jede Chance vergeben, wenn keine Berührung stattgefunden hat. In manchen Fällen kann man nämlich die – in diesem Buch schon mehrfach erwähnte – Pflicht zur Rettung und Schadensminderung geltend machen: `Der Versicherungsnehmer ist verpflichtet, beim Eintritt des Versicherungsfalles nach Möglichkeit für die Abwendung und Minderung des Schadens zu sorgen,` heißt es ja in den Versicherungsbedingungen.

Was sollten Sie also in einem solchen Fall tun? Die Rechtsprechung gibt darüber Aufschluss, obwohl es zu unterschiedlichen Urteilen gekommen ist. Generell ist zu beachten, dass das Fahr- und Bremsmanöver objektiv, das heißt, grundsätzlich, geeignet sein muss, den Rettungserfolg herbeizuführen. Was heißt das? Objektiv geeignet ist eine Maßnahme nur dann, wenn das eingesetzte Rettungsmittel in einem angemessenen, wirtschaftlich vertretbaren Verhältnis zum angestrebten Rettungserfolg steht. Das heißt, der durch den Zusammenstoß mögliche Schaden muss größer sein als der, der durch das Manöver entstehen könnte. Bei einem Hasen ist obige Relation natürlich nicht gegeben, bei

Klipp und klar

Nur bei Großwild ist ein Ausweichmanöver berechtigt, um einen großen wirtschaftlichen Schaden an Ihrem Fahrzeug zu verhindern. Die Beweispflicht liegt bei Ihnen. Töten Sie kleine Tiere.

einem ausgewachsenen Rehbock oder einem Wildschwein sehr wohl.
Die Beweispflicht, dass ein solcher Unfall überhaupt verhindert werden musste, liegt allerdings beim Geschädigten. Das heißt, er sollte über Zeugen verfügen, die den Unfallhergang auch vor Gericht bestätigen.

!! ACHTUNG !!

Wenn es zu einer Berührung kam, so finden Sachverständige auch Spuren. Mit Hilfe von gentechnischen Analysen kann überprüft werden, um welches Tier es sich handelt.

Die Wildschadenversicherung mit jährlichen Leistungen von mehreren hundert Millionen Euro in Österreich und Deutschland ist eine sehr zahlungsintensive Sparte. Je nach Schadenshöhe und Ihrer Position als Kunde wird ein Sachverständiger den Wildschaden also überprüfen. Sichern Sie also Beweise wie Blutspuren und Haare durch Fotos oder die Bestätigung einer Werkstatt ab.

Glatte Sache

Wenn das Auto nicht verkehrstauglich ist, verliert man jeden Versicherungsschutz. Sagt die Legende. Aber ganz so ist es nicht.

Für Hubert ist sein Auto ein Gebrauchsgegenstand. Sein Daseinszweck ist es, Hubert von A nach B zu befördern und nicht die neidischen Blicke der Nachbarn auf sich zu ziehen. Es ist ein altes Auto, von zigtausenden Kilometern bereits gezeichnet. An der hinteren Stoßstange fehlt nach einem Parkschaden bereits der Lack, aber es fährt und nur das zählt. Der nächste Ölwechsel ist schon längst überfällig und bei dieser Gelegenheit sollen auch die Reifen kontrolliert werden. Sie haben schon mehr Ähnlichkeit mit Formel-1-Slicks als mit straßenverkehrstauglichen Winterreifen. Natürlich hat Hubert nur die gesetzlich vorgeschriebene Haftpflichtversicherung, versteht sich von selbst. Wie jeden Tag befördert es Hubert auch heute wieder von seiner Wohnung zu seiner Arbeit. Die Straßen sind vom Regen nass und Hubert ist spät dran. Den Weg in die Arbeit kennt er blind und so kann er ruhig etwas schneller fahren. Nach einer Kurve passiert es dann. Er kommt ins Schleudern, gerät auf die Gegenfahrbahn und rammt das ihm entgegenkommende Kleinauto von Michael T. Beide Autos fliegen von der Straße, doch die Lenker kommen mit leichten Verletzungen davon. Natürlich stehen sie unter Schock. Michael klagt über starke Kopf- und Nackenschmerzen. Selbst noch verwirrt ruft Hubert die Rettung und die Polizei, um den Unfallhergang zu protokollieren. Bei einem Rundgang um das Auto fällt später einem Polizisten die geringe Profiltiefe von Huberts Autoreifen auf. Dies wird ebenfalls in der Schadensmeldung berücksichtigt.

Die Schadensmeldung

... Das Auto des Herrn Hubert S. geriet ins Schleudern und prallte gegen das Auto des Michael T. Unfallursache: vermutlich defekte Reifen ...

Hubert bringt die Schadensmeldung unverzüglich zu seiner Versicherung. Da es noch recht früh am Morgen ist, hat Hubert Glück. Ein Sachverständiger ist noch im Gebäude der Versicherung und bietet Hubert freundlicherweise an, die Unfallstelle sofort zu besichtigen. Hubert ist dies sehr recht, da er das Auto dann gleich in seine KFZ-Werkstätte schleppen lassen kann um zu sehen, was noch zu retten ist.

Zwei Wochen später erhält Hubert einen Anruf von Michael T., der sich nochmals in aller Form dafür bedankt, dass Hubert so schnell gehandelt hat. Das Geld ist nämlich schon überwiesen und Michael kann sich bereits jetzt ein neues Auto kaufen.

Flinke Versicherung, denkt Hubert beruhigt. Die sind wirklich dann da, wenn man sie braucht.

Diese Meinung muss er allerdings revidieren, als er am nächsten Tag einen Brief von seiner Versicherung erhält:

Sehr geehrter Herr S. [...] Wir fordern im Regressweg die Summe von 10.000 Euro, die an Zahlungen wegen des Schadens am [...] entstanden sind.

So zahlt auch Ihre Versicherung

Der springende Punkt im obigen Fall ist natürlich die Abnutzung der Reifen, da die Kraftfahrzeug-Haftpflichtversicherung nach dem Wortlaut ihrer Bedingungen eigentlich zahlen müsste. In voller Länge:

Fahrzeugversicherungen

Die Versicherung umfasst die Befriedigung begründeter und die Abwehr unbegründeter Ersatzansprüche, die aufgrund gesetzlicher Haftpflichtbestimmungen gegen den Versicherungsnehmer oder mitversicherte Personen erhoben werden, wenn durch die Verwendung des versicherten Fahrzeuges Personen verletzt oder getötet werden, Sachen beschädigt oder zerstört werden oder abhanden kommen oder ein Vermögensschaden verursacht wird, der weder Personen- noch Sachschaden ist (bloßer Vermögensschaden).

Grundsätzlich geht jede Versicherung davon aus, dass ein Fahrzeug zum Zeitpunkt des Versicherungsabschlusses sich in einem verkehrstauglichen Zustand befindet. Bei der Tarifgestaltung geht die Versicherungsmathematik in der KFZ-Haftpflichtversicherung nur von verkehrstauglichen Fahrzeugen aus. Aufgrund der Schadenswahrscheinlichkeit errechnen die Versicherungsmathematiker, wie groß die Einnahmen sein müssen, um die Schadenszahlungen zu decken – plus Betriebskosten und Gewinne der Versicherungsunternehmen.
Nicht straßenverkehrstaugliche KFZ verfälschen diese Rechnung und sind in den Tarifen daher nicht enthalten. Deshalb gewährt die Versicherung auch keine Deckung. Die Versicherungsunternehmen sichern sich gegen solche Schäden mit folgender Klausel:

Nach Abschluss des Vertrages darf der Versicherungsnehmer ohne Einwilligung des Versicherers weder eine Erhöhung der Gefahr vornehmen noch ihre Vornahme durch einen Dritten gestatten(§23 VersVG). [...] Als Erhöhung der Gefahr im Sinn obiger Paragrafen sind alle Umstände anzusehen, deretwegen das Fahrzeug dem KFG oder den aufgrund dieses Bundesgesetzes erlassenen Verordnungen nicht entspricht und derentwegen eine weitere Verwendung des Fahrzeugs die Verkehrssicherheit gefährdet, sofern das Fortbestehen dieser Umstände auf grobe Fahrlässigkeit zurückzuführen ist.

Natürlich ist der Versicherer nur gegenüber seinem Versicherungsnehmer von der Leistung befreit, nicht aber gegenüber dem geschädigten Dritten. Er kann diese Leistung im Regressweg von seinem Versicherungsnehmer zurückfordern.
Es gibt allerdings eine einzige Möglichkeit, unter welcher der Versicherungsschutz doch besteht. Die Gefahrenerhöhung muss nämlich kausal, sprich ausschlaggebend, für den Unfall sein. Würden Sie in den Gegenverkehr geraten, weil Sie einem Reh ausweichen, das sich plötzlich auf der Straße befindet, so wäre dieser Unfall nicht auf etwaige kaputte Reifen oder andere Gebrechen am Auto zurückzuführen. Folglich muss Ihre Versicherung den vollen Schaden übernehmen und kann keine Regressforderungen stellen. Das nennt man das Kausalitätsprinzip.

!! ACHTUNG !!

Halten Sie Ihr Fahrzeug in einem verkehrstauglichen Zustand (Begutachtungsplakete, Reifen, ...), da Sie sonst Ihren Versicherungsschutz verlieren und die Versicherung die Leistung von Ihnen ihm Regressweg zurückfordern kann.

Ein Schritt zu wenig

Die Insassenunfallversicherung ist der Ursprung vieler Missverständnisse. Sie kann tatsächlich mehr, als man glaubt, und weniger als behauptet wird.

Endlich ist es so weit, denkt Doris, als sie ihren nagelneuen Führerschein in den Händen hält. Endlich bin ich frei, denkt sie, nie wieder bin ich auf andere angewiesen, wenn ich irgendwo hinfahren möchte. Ein eigenes Auto steht auch schon zur Verfügung. Es ist zwar schon ein etwas älteres Baujahr, das macht Doris aber nichts aus.
Schon am nächsten Tag wird der Versicherungsvertreter von Doris' Eltern angerufen und mit der Anmeldung des Fahrzeugs betraut. Nachdem alles erledigt wurde, sitzen nun Doris und ihre Eltern mit dem Versicherungsvertreter beisammen und beraten über die optimale Versicherungsvariante. Eine Kaskoversicherung kommt nicht in Frage, da das Fahrzeug zu alt ist. Es bleibt also die Wahl zwischen einer reinen Haftpflichtversicherung und einem Paket, in welchem zusätzlich noch eine Insassenunfallversicherung vereinbart ist. Letzteres ist zwar um 85 Euro teurer, bietet allerdings für jeden der fünf Plätze im Fahrzeug eine Versicherungssumme von 100.000 Euro bei Dauerinvalidität, 100.000 Euro im Todesfall und zusätzlich noch ein Spitalgeld von 75 Euro pro Aufenthaltstag im Krankenhaus.
„Ich würde mich für die Paketvariante entscheiden", meint der Versicherungsvertreter, „wer weiß, es ist dein erstes Auto und der Teufel schläft bekanntlich nie."
Das überzeugt Doris und ihre Eltern. Schnell eine Unterschrift unter den Antrag und der Traum der Freiheit kann beginnen.
Die ersten Fahrversuche sind zwar noch etwas zögerlich, beim Kuppeln ruckt es noch ein wenig, nicht immer erwischt

sie auf Anhieb den richtigen Gang, aber im Großen und Ganzen macht sich Doris ganz gut.
Einige Wochen später herrschen widrige Umstände. Es ist Winter, leichter Schneefall – der Boden gefroren, die Straßen etwas rutschig. Salz und Kiesel sind gestreut.
„Fahr bitte vorsichtig“, meint Erika, Doris’ beste Freundin. „Du weißt ja, unter solchen Umständen.“
„Ja, ja, ich passe auf. Ich habe ja Zeit“, meint Doris und macht sich auf den Weg zu ihrem Auto.
Mit der rechten Hand kramt sie dabei in ihrer Hosentasche, um den Autoschlüssel zu suchen. Da passiert es. Sie rutscht aus und fällt. Ein brennender Schmerz fährt durch ihren ganzen Körper.
Sie ist auf die rechte Seite gefallen, und da ihre Hand gerade nach den Schlüssel gesucht hat, konnte sie den Sturz nicht bremsen. Sie versucht aus eigener Kraft aufzustehen, doch schafft sie es nicht. Ein zu Hilfe eilender Passant ruft sofort die Rettung und bleibt dann bei Doris, bis diese eintrifft. Im Krankenhaus diagnostizieren die Ärzte schließlich einen Beckenbruch. Doris wird eingegipst und bleibt im Spital. Obwohl die Heilung recht gut voranschreitet, befürchten die Ärzte, dass eine leichte Dauerinvalidität in Form einer Gehbehinderung zurückbleiben könnte.
„Das ist ja entsetzlich“, stöhnt Doris mit Tränen im Gesicht. „Ich werde nie mehr so gehen können wie früher!“
Doris’ Eltern sind zu Besuch. „Ruf doch deinen Versicherungsvertreter an“, schlägt Doris’ Mutter vor.
Doris zögert zunächst, weil Geld im Moment das Letzte ist, was sie interessiert, aber ihre Mutter wählt selbst die Nummer und drückt Doris das Telefon in die Hand.
„Hallo, wie geht’s, was ist denn passiert?“, fragt der Berater.
Doris schildert ihm den Fall. Der Mann scheint ehrlich erschrocken und bittet, eine Schadensmeldung zu schreiben und diese sofort an ihn weiterzuleiten. Doris greift zu Block und Füllfeder und beginnt zu schreiben.

Die Schadensmeldung

... Als ich auf dem Weg zu meinen Auto war, griff ich in die Tasche, um den Schlüssel zu suchen. Dabei rutschte ich aus, fiel zu Boden und brach mir die Hüfte ...

Die Tage vergehen. Doris wartet kaum auf die Antwort, irgendwann ist es aber doch so weit. Ihre Mutter bringt ihr einen Brief der Versicherung, in dem steht:
„Sehr geehrte Kundin! Wir freuen uns, dass Sie uns das Vertrauen gegeben haben ... bedauern wir den Schaden ablehnen zu müssen."
Unfälle auf dem Weg zum Auto sind nicht gedeckt, schreibt das Unternehmen noch, aber Doris kann das schon nicht mehr lesen. Tränen lassen ihren Blick unscharf werden.

So zahlt auch Ihre Versicherung

Bei der Insassenunfallversicherung handelt es sich prinzipiell um ein Zusatzprodukt zur Kraftfahrzeug-Haftpflichtversicherung, welche die Mitfahrer und vor allem den Fahrer gegen dauernde Invalidität schützt. Wichtig ist vor allem der Fahrer, weil die Kraftfahrzeug-Haftpflichtversicherung Ansprüche Dritter ohnehin reguliert. Aber dazu gleich mehr. Sehen wir uns zunächst die Definition der Insassenversicherung an:

Die Versicherung bezieht sich auf Unfälle in ursächlichem Zusammenhang mit dem Lenken, Benutzen, Behandeln, dem Be- und Entladen sowie dem Einweisen des Kraftfahrzeuges oder Anhängers. Unfälle beim Ein- und Aussteigen sind mitversichert.

Der Begriff der Insassenversicherung führt in der Praxis sehr oft zu Missverständnissen. Man muss nicht im Auto sitzen, um den Schutz dieser Versicherung genießen zu können. Die Tat-

bestände, die von der Versicherung abgedeckt sind, führen zu einer breiten Palette von Anwendungsgebieten. Das geht soweit, dass sogar Tätigkeiten, die nur außerhalb des Autos verrichtet werden können, mitversichert sind. Und warum zahlte dann die Versicherung im Fall von Doris nicht? Ganz einfach: Weil sie auf dem Weg zum Auto war und nicht beim Einsteigen. Das Hingehen zum Auto ist aber nicht inkludiert. Das bemitleidenswerte Mädchen ist also wenige Schritte zu früh gestürzt.

Klipp und klar

Die Insassenunfallversicherung schützt keineswegs nur Personen, die tatsächlich im Fahrzeug sitzen. Vielmehr sind auch Unfälle bei Ladetätigkeiten, beim Ein- und Aussteigen oder beim Einweisen in eine Parklücke gedeckt. Im Gegensatz zur Haftpflichtversicherung umfasst sie auch den Fahrzeuglenker.

Übrigens: Das alte, weit verbreitete Märchen, man solle niemanden ohne Insassenversicherung mitnehmen, da man im Falle einer Verletzung des Beifahrers selbst die Kosten zu tragen hat, ist schlicht und einfach falsch. Außerdem sind die Versicherungssummen von Insassenversicherungen üblicherweise ohnehin zu gering, um bei schweren Verletzungen bzw. bei Arbeitsunfähigkeit ausreichend zu sein.
Hier könnten schon Probleme bei der Haftpflichtversicherung entstehen, wenn man sich für die Mindestversicherungsumme entschieden hat, und das, obwohl die deutlich über einer üblichen Insassenversicherung liegt. Für den Fall, dass langjährige Rentenzahlungen zu leisten sind, ergibt sich folgendes Problem: Übersteigt der Kapitalwert der Rente (also die Summe über den gesamten zu erwartenden Zahlungszeitraum) die Versicherungssumme, so wird die Rente nur im Verhältnis dieses Kapitalwerts zur Versicherungssumme geleistet.
Ein Beispiel: Verursacht man schuldhaft einen Unfall, bei dem

ein Beifahrer querschnittgelähmt und arbeitsunfähig bleibt, so steht ihm eine Rente zu. Nehmen wir an, diese Rente – multipliziert mit der zu erwartenden Lebensdauer – beträgt etwas mehr als zwei Millionen Euro.

Die Versicherungssumme beträgt aber nur knapp über eine Million Euro. Dann ist es nicht so, dass der schuldige Lenker für die Rente aufkommen muss, nachdem die Versicherungssumme aufgebraucht ist, sondern er muss vom ersten Monat an seinen Anteil zahlen. In diesem Fall die halbe Rente. Eine zusätzliche Insassenunfallversicherung erhöht den Schutz vor dieser Gefahr.

!! ACHTUNG !!

Gurtenpflicht! Sind Lenker oder Mitfahrer nicht angegurtet ist der Versicherungsschutz der Insassenversicherung in Gefahr. Jedenfalls für Verletzungen, die durch Anschnallen eines Gurtes verhindert werden könnten (z. B. Kopfverletzungen).

Rauchen zerstört Ihr Auto

Warnung des Verkehrsministers: Rauchen gefährdet den Versicherungsschutz Ihres Autos

Schnell schnappt Thomas seinen Aktenkoffer und sein Zigarettenpäckchen, springt in das Auto und rast los. Er hat verschlafen und ist spät dran. Das Frühstück musste er ausfallen lassen. Der Kaffee im Büro ist ja auch nicht übel, denkt er sich. Und woran denkt man als Nächstes, wenn einem Kaffee in den Sinn kommt? Natürlich an eine Zigarette. Mit der einen Hand lenkt Thomas das Fahrzeug, während die andere eifrig nach einer Zigarette in seiner Tasche sucht.
Endlich hat er eine gefunden. Schnell zündet er sie an und inhaliert tief die ersten Züge. „Ah, der Tag kann beginnen", sagt Thomas und er ahnt noch nicht, wie schnell es gleich weitergehen wird. Er beginnt zu husten und lässt die Zigarette zu Boden fallen. Vorsichtig und doch hektisch tastet er nach ihr, kann sie aber nicht finden. Ganz kurz wendet Thomas den Blick von der Straße ab und lässt die Augen über den Boden streichen. Das Auto gerät auf die Gegenfahrbahn. Als Thomas das merkt, reißt er das Lenkrad herum, der Wagen gerät ins Schleudern, überschlägt sich einmal im Straßengraben und bleibt am Dach liegen. „Gott sei Dank ist mir nichts passiert", sagt er sich und siehe da, auch die Zigarette hat er wiedergefunden. Sie liegt neben ihm. Cool wie im Film.
Nachdem Thomas den ersten Schock überwunden hat, ruft er den Abschleppdienst und seinen Versicherungsvertreter an.
Dieser eilt sofort herbei, um eine Schadensmeldung aufzunehmen. Thomas hat nämlich eine Vollkaskoversicherung abgeschlossen. Der Schaden sollte von seiner Versicherung gedeckt sein.

Die Schadensmeldung

`... Mir fiel die Zigarette auf den Boden, und als ich sie aufheben wollte, geriet ich ins Schleudern und überschlug mich ...`

Weder ein Sachverständiger noch sein Versicherungsvertreter rufen bei Thomas an. Statt dessen erhält er eine schriftliche Ablehnung.

So zahlt auch Ihre Versicherung

Typisch Versicherung: Bei Vertragsabschluss wiegt man sich in Sicherheit und im Schadensfall fällt man aus allen Wolken und landet in der Realität, die sich im obigen Fall für Thomas total auf den Kopf gestellt hat.

Falls Ihr Versicherungsvertreter bei Vertragsabschluss erklärt, dass der selbst verschuldete Unfall bei einer Vollkaskoversicherung mitversichert ist, so ist dies nicht die ganze Wahrheit. Es kommt nämlich wie bei allen Versicherungssparten darauf an, wie der Unfall verschuldet wurde. Klar ist, dass vorsätzlich verursachte Schäden ohnehin nie gedeckt sind. Aber auch eine grob fahrlässige Handlung befreit die Versicherung ebenfalls von der Leistung in der Kaskoversicherung. Dies ist der Punkt, auf den sich Ihre Versicherung beruft, wenn Sie eine heruntergefallene Zigarette während einer Autofahrt suchen. Gerichtsurteile besagen: `Die korrekte Vorgehensweisen wäre stehen zu bleiben und die Zigarette aufzuheben.` Bitte verwechseln Sie nicht die Versicherungssparten miteinander. Die KFZ-Haftpflichtversicherung leistet auch bei grob fahrlässigen Handlungen, die darüber hinausgehende KFZ-Kaskoversicherung nur bei leichter Fahrlässigkeit. Und wie zahlt jetzt auch Ihre Versicherung? Nun, es gibt nur zwei legale Möglichkeiten: Rauchen Sie nicht. Oder heben Sie die Zigarette nicht während der Fahrt auf.

Achtung, Steinschlag

Wenn Steine nicht vom Himmel, sondern von der Straße fliegen, dann heißt es: Aufpassen!

Knallrot, tiefer gelegt, ziemlich breite Reifen – und die Musik voll aufgedreht. „Im Wagen vor mir fährt ein hübsches Mädchen“, schallt es aus dem neuen Auto von Klaus K. Dazu noch blauer Himmel und vor ihm nur die unendliche Weite der Landstraße. Klaus K. ist wieder mal in Gedanken in Imola, als er sich von hinten einem LKW nähert. Der Truck hat Schotter geladen und fährt entsprechend behäbig. Klaus K. steigt aufs Gas, will überholen – und muss sich in letzter Sekunde wieder einbremsen. Beinahe hätte er ein entgegenkommendes Fahrzeug abgeschossen.

Gerade noch gut gegangen! Klaus atmet erleichtert aus. In diesem Moment kracht es furchtbar laut. Ein langer Sprung zieht sich über die Windschutzscheibe.

„F***, ein Stein!“, flucht Klaus.

Gleich steigt er wieder aufs Gas und überholt den LKW. Er signalisiert dem Fahrer, rechts ranzufahren und stehen zu bleiben.

Als beide aussteigen, schluckt Klaus kurz. Der Trucker ist ein Riese. Zum Glück scheint er aber ein gutmütiger Mensch zu sein. Als Klaus ihm den Sprung auf der Scheibe zeigt, zuckt er nur mit den Schultern.

„Tja, tut mir Leid. Da muss man wohl was machen“, sagt er.

„Genau. Schön, dass Sie das auch so sehen.“ Klaus ist erleichtert.

Sie beschließen eine Schadensmeldung zu schreiben und sie an die Versicherung des LKW-Fahrers zu schicken.

Die Schadensmeldung

… Dabei wurde die Windschutzscheibe meines Fahrzeugs durch einen Steinschlag, ausgelöst vom vor mir fahrenden LKW des Herrn B, beschädigt …

Später erzählt er seinen Bekannten von dem Vorfall. Kopfschüttelnd meinen diese, dass er die neue Windschutzscheibe sicher selbst bezahlen muss, da wohl keine Versicherung so einen Schaden übernimmt.
Als Hermann sich gerade einen Kostenvoranschlag bei seiner Werkstätte einholt, läutet sein Handy. Am Apparat meldet sich eine freundliche Stimme. Der Schadensreferent der gegnerischen Versicherung. Nachdem dieser einige formale Dinge mit Herrn K. durchgegangen ist, stellt er noch eine letzte Frage, um den Schaden raschestmöglich abzuschließen.
„Und der Stein wurde von der Straße aufgewirbelt und gegen Ihre Windschutzscheibe geschleudert?"
„Das ist alles so schnell gegangen, aber ich glaube schon."
„Glauben Sie es oder wissen Sie es?" hakt der Schadensreferent nach.
„Das ist alles so schnell gekommen", antwortet K.
„Na von wo soll er denn sonst gekommen sein?"
„Eben!", antwortet K. und verabschiedet sich.
Zwei Wochen später erhält Klaus K. einen Brief von der gegnerischen Versicherung, in welchem steht: „Sehr geehrter Herr [...] sehen wir uns gezwungen, den Schaden leider abzulehnen."
Da Klaus durch seine Bekannten schon seelisch auf dieses Ereignis vorbereitet ist, trifft es ihn nicht vollkommen unvorbereitet. „Haben die anderen doch Recht gehabt", murmelt er. „Na ja, dann muss ich den Schaden eben selbst bezahlen."

So zahlt auch Ihre Versicherung

Die KFZ-Haftpflichtversicherung umfasst die Befriedigung begründeter und die Abwehr unbegründeter Ersatzansprüche, die aufgrund gesetzlicher Haftpflichtbestimmungen gegen den Versicherungsnehmer (...) erhoben werden, wenn durch die Verwendung des versicherten Fahrzeugs (...) Sachen beschädigt oder zerstört werden oder abhanden kommen (...)

Obwohl durch die Verwendung des versicherten Fahrzeugs ein Sachschaden entstanden ist, lehnt die Versicherung die Zahlung des Schadens ab. Mit welchem Recht tut sie dies? Die Antwort ist ein Gustostück in Bezug auf unklare Bestimmungen und „versteckte" Gefahren. Wenn Sie Ihre Versicherungsbedingungen zur Hand nehmen und unter dem Artikel „Risikoausschlüsse" nachlesen, werden Sie vergeblich nach einer Klausel suchen, die Steinschlag als nicht versichert ausweist. Auch das mehrmalige Durchforsten der Versicherungsbedingungen und die Prüfung sämtlicher Gesetzesparagraphen, die darin aufgelistet sind, rechtfertigen die Ablehnung in keinster Weise.

Der Teufel steckt wieder einmal im Detail, genauer gesagt in dem Beisatz: „...aufgrund gesetzlicher Haftpflichtbestimmungen ..." Wenn also keine gesetzliche Haftung vorliegt, so leistet auch die Versicherung nicht.
Im Straßenverkehrsgesetz § 17 (3) in Deutschland und im EKHG (Eisenbahn- und Kraftfahrzeug-Haftpflichtgesetz) in Österreich werden Sie mit diesem Hinweis schließlich fündig. In § 9 EKHG steht etwa: Die Ersatzpflicht ist ausgeschlossen, wenn der Unfall durch ein unabwendbares Ereignis verursacht wurde, das weder auf einen Fehler in der Beschaffenheit noch auf ein Versagen der Vorrichtungen ... des Kraftfahrzeugs beruhte.

Nun wird einiges klar. Die Ersatzpflicht wird deshalb ausgeschlossen, da es sich beim Betrieb eines Kraftfahrzeugs nicht vermeiden lässt, dass die Reifen Steine nach hinten schleudern. Dieser „Fehler“ ist den Fahrzeugen quasi eingebaut und jeder, der hinter einem Auto herfährt, muss damit rechnen.
Muss man also jeden Steinschlag über sich ergehen lassen? Nein. Wenn der Stein nicht von der Straße aufgewirbelt wird, sondern von der Ladefläche eines LKWs fällt, gilt das natürlich nicht als „unabwendbares Ereignis“. Ganz im Gegenteil, Verkehrsteilnehmer sind verpflichtet, ihre Ladung sorgsam zu transportieren und nicht zu verlieren.

Aber Vorsicht: Findige Versicherungsbetrüger nutzen diesen Umstand mit einer gewissen Regelmäßigkeit aus. Es soll Leute geben, die bei einer kaputten Scheibe bewusst auf die „Jagd“ nach Schotter-Transporten gehen und völlig unschuldigen Fahrern den Schaden anhängen. Entsprechend empfindlich reagieren Versicherungen oft auf solche Schadensmeldungen. Eine Zeugenaussage eines Beifahrers ist daher hilfreich.

Teil 4

Personen-versicherungen

Gesunde Untersuchung

Wenn Sie krank sind und im Spital liegen, dann zahlt eine Krankenhaus-Taggeldversicherung ein Taggeld pro Krankenhaustag. Da gibt's nichts misszuverstehen, sollte man meinen. Oder?

Peter ist selbständiger Immobilienmakler. Ein Workaholic, wie er im Buche steht. 14 bis 16 Stunden Arbeit sind bei ihm an der Tagesordnung. Wenn der Körper einmal nicht mehr will, helfen Kaffee und Zigaretten gegen die Müdigkeit und den Druck. Kleinere Wehwehchen ignoriert Peter stets, er hat eine Mission: Erfolg. Was dabei stört, wird ignoriert.

Aber gerade in letzter Zeit mehren sich die Anzeichen, dass sein Körper eine Ruhepause braucht. Einmal sticht es hier, dann wieder zwickt es da. Und vor allem die Atemnot, die auf die Zigaretten zurückzuführen ist, macht ihm bei den täglichen Wohnungsbesichtigungen zu schaffen.

Zu Ostern hat Peter einige Tage frei. Da passiert es: Eines Morgens spürt er ein heftiges Stechen in der Brust. Es vergeht nach wenigen Minuten wieder, doch Peter ist erschrocken. Er beschließt den Arzt aufzusuchen. Ganz unter dem Motto „Hilft's nichts, schadet's auch nicht".

Noch am selben Tag geht Peter zu seinem Hausarzt. Der untersucht ihn einige Minuten, dann sagt er: „Ich glaube nicht, dass ich bei dir etwas finden werde."

„Aber es hat wehgetan", sagt Peter.

„Das glaub ich schon. Du begehst ja auch ziemlichen Raubbau an deinem Körper." Nun liest der Arzt Peter die Leviten. Er solle mit dem Rauchen aufhören, den Kaffeekonsum deutlich einschränken und sich ab und zu etwas mehr Ruhe gönnen. „Immerhin ist dein Körper keine Maschine. Und wenn du krank bist, kannst du keine Karriere machen!"

Bei den Worten des Arztes wird Peter etwas mulmig zumute. Allerdings fällt ihm ein, dass er eine Krankenhaus-Taggeldversicherung abgeschlossen hat. Pro Tag Spitalsaufenthalt stehen ihm da 75 Euro zu, bis jetzt hat er diese Versicherung noch nie gebraucht. Das könnte er ja auch mal ausnutzen.
„Da ich jetzt über die Feiertage ohnehin weniger zu tun haben, sollte ich mich vielleicht doch einmal durchchecken lassen. Etwas Zeit könnte ich jetzt dafür erübrigen. Könnte ich vielleicht eine Gesundenuntersuchung im Spital in Anspruch nehmen?“, fragt er den Arzt.
„Aber natürlich!“, antwortet der Arzt. „Das wollte ich dir gerade vorschlagen.“
Gesagt, getan. Der Arzt schreibt schnell eine Überweisung in das nächste Krankenhaus.
Peter fährt nach Hause, packt die notwendigsten Sachen – und los geht’s.
Aber außer einigen Werten, die nicht ganz der Norm entsprechen, können auch die Spitalsärzte nichts entdecken. Nach einigen Tagen wird Peter entlassen. Er lässt sich noch eine Krankenhausaufenthaltsbestätigung geben, um seine Versicherungsangelegenheit regeln zu können, und schreibt tags darauf seine Meldung.

Die Schadensmeldung

… `Krankenhausaufenthalt vom 02.02. bis 07.02., Bestätigung liegt bei, Geld bitte auf Kontonummer` …

Zum Glück habe ich diese Versicherung damals abgeschlossen, denkt sich Peter. Es hätte ihn aus Prinzip sehr geärgert, einige Tage kein Geld verdient zu haben.
Nach zwei Wochen kommt ein Brief von der Versicherung.
Dann muss das Geld auch schon am Konto sein, denkt Peter und beginnt zu lesen.

„Sehr geehrter Herr ... Leider müssen wir Ihnen mitteilen, dass für den Vorfall keine Deckung besteht ..."
Peter ist entrüstet. „Ewig zahlt man, und wenn man einmal etwas braucht, bekommt man nichts." Auch der Anruf bei seiner Versicherung ändert an der Sachlage nichts.

So zahlt auch Ihre Versicherung

Es ist ein weitverbreiteter Irrtum, dass eine Krankenhaus-Taggeldversicherung automatisch bezahlt, sobald der Versicherte eine gewisse Frist im Krankenhaus verbracht hat. Denn für die Frage, ob ein Versicherungsfall vorliegt, ist es von großer Bedeutung, warum der Patient ins Spital kam.
In den Allgemeinen Versicherungsbedingungen lautet die Definition meist so:

`Versicherungsfall ist die medizinisch notwendige Heilbehandlung des Versicherten wegen Krankheit und Unfallfolgen.`

Nun wird einiges klar. Da, wie der Name schon sagt, der Tatbestand der notwendigen Heilbehandlung bei einer Gesundenuntersuchung nicht erfüllt ist, verweigert die Versicherung die Zahlung. Der Fehler lag also bei der Überweisung ins Spital.
Wäre Peter wegen der Brustschmerzen ins Spital eingeliefert worden, hätte die Versicherung nach dem Wortlaut der Bedingungen auch die Zahlung leisten müssen.

Klipp und klar

Die obige Definition kommt bei sämtlichen privaten Krankenversicherungen zur Anwendung. Das heißt auch bei der Sonderklasseversicherung. Prüfen Sie deshalb genau, ob es sich um eine medizinisch notwendige Heilbehandlung handelt, um den Luxus der freien Arztwahl, des Fernsehapparates etc. nicht später selbst bezahlen zu müssen.

Der Zeck

Ein Fleck kann ein Zeck sein, eine Auskunft ein Irrtum und eine Krankheit ein Unfall. Und Zeit, nun, die ist ohnehin relativ ...

Kreidebleich schleppt sich Richie V. eines Morgens zum Arzt. Alleine der Gedanke an ein überfülltes Wartezimmer treibt ihm schon kalte Schauer über den Rücken. Er hasst Arztbesuche. Typisch Mann eben. Nur schnell ein Medikament holen und dann zur Arbeit, denkt Richie, als er als einer der ersten aufgerufen wird.
„Ja, Herr V., wie sehen Sie denn aus?", begrüßt ihn der Arzt gleich aufmunternd.
„Nur eine kleine Erkältung, das wird schon wieder", sagt Richie.
„Na, das möchte ich mir doch etwas genauer ansehen", antwortet der Arzt und beginnt mit der Untersuchung. „Oberkörper bitte freimachen. Und jetzt einatmen und ausatmen und ..." Plötzlich hält der Doktor inne.
„Entweder ist das ein Muttermal ...", sagt er und deutet auf einen kleinen brauen Fleck unter Richies Achsel.
„Oder?"
„Oder es ist ein Problem ... und das ist es auch", meint er.
„Was?", fragt Richie verunsichert.
„Wann waren Sie das letzte Mal Zeckenschutz impfen?"
Richie wird bleich. „Das ist schon etwas länger her", meint er.
„Dann sollten Sie sich im Spital melden, nur zur Sicherheit. Das ist ein Zeck", sagt der Arzt. Dann entfernt der Doktor das gar nicht liebe Vieh routiniert und schreibt eine Überweisung an das nächstgelegene Krankenhaus.
Auch dort hat man keine guten Nachrichten für den Patienten. Im Gegenteil: Die Ärzte diagnostizieren eine Gehirnhautent-

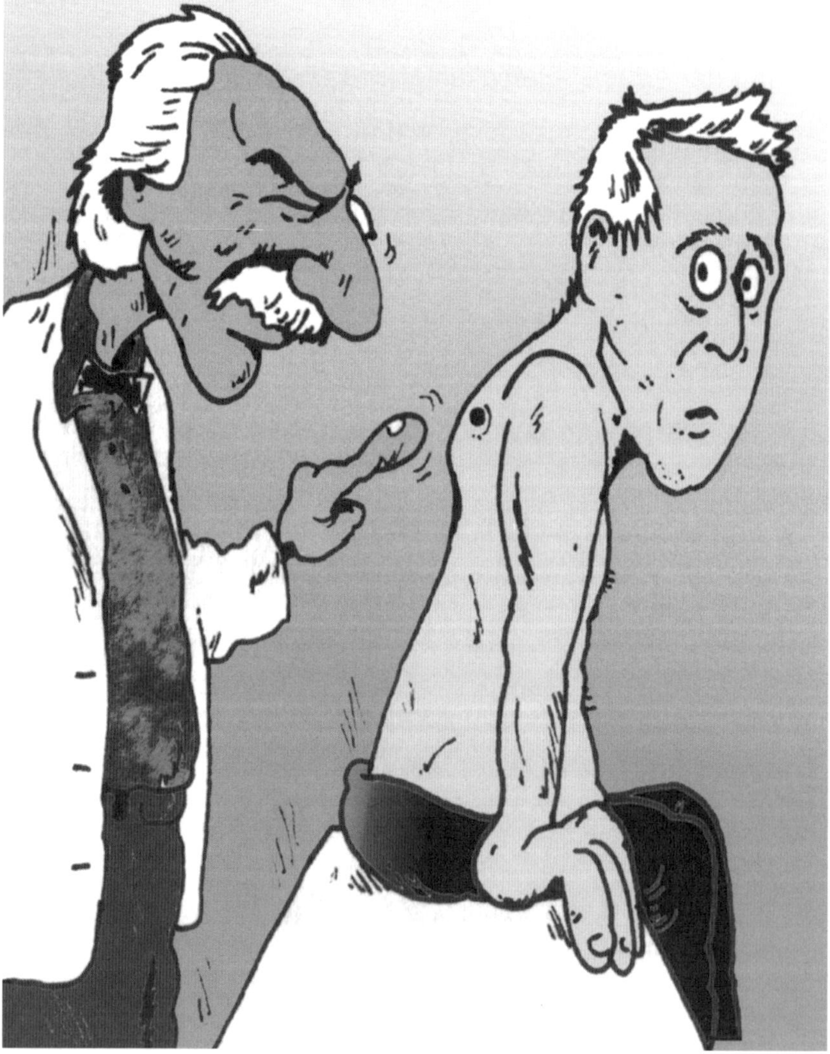

zündung, auch als Frühsommer-Meningoenzephalitis bekannt. Sofort wird Richie ein Bett zugewiesen. Erst vier Wochen später verlässt er das Spital wieder, zum Glück ohne bleibende Schäden.
Doch da er in seinem Beruf auf Provisionen angewiesen ist, sieht er auf ein finanziell recht trauriges Monat zurück. Allerdings hat er bei seinem Versicherungsvertreter vor vielen Jahren eine Unfallversicherung mit einem Taggeld von 50 Euro pro Tag der Arbeitsunfähigkeit abgeschlossen. Immerhin. Lange genug eingezahlt hat er ohnehin. Also setzt er sich an den Computer und schreibt die Meldung an seine Versicherung.

Die Schadensmeldung

… Arbeitsunfähigkeit vom 07.03. bis 14.04. wegen Zeckenbiss. Krankenhausaufenthaltsbestätigung liegt bei …

Richie ruft nun seinen Betreuer an und ersucht ihn, die Schadensmeldung abzuholen.
„Tut mir Leid, aber der Vertrag ist ja bereits eine Woche zuvor, mit 01. 03., gekündigt worden“, bekommt Richie von seinem Versicherungsvertreter am Telefon zu hören.
„Was?“
„Können Sie sich nicht erinnern, im Herbst haben Sie doch gesagt, dass Sie diesen Vertrag nicht mehr haben wollen. Weil Sie jahrelang eingezahlt haben und nicht einen Cent wiederbekommen.“
„Shit!“, flucht Richie durch die geschlossenen Zahnreihen. Sein Vertreter hat Recht, jetzt kann er sich wieder erinnern.
„Außerdem ist Frühsommer-Menin... Menin... Sie wissen schon, eine Krankheit und kein Unfall, wir hätten also ohnehin nicht zahlen können“, sagt der Mann von der Versicherung noch, aber das ist nicht wirklich ein Trost.

So zahlt auch Ihre Versicherung

Unglaublich, aber wahr: Nicht jede Auskunft, die ein Versicherungsvertreter gibt, ist zwangläufig immer richtig. Vor allem bei seltenen Schadensfällen sind Ad-hoc-Antworten des Verkäufers mit Vorsicht zu genießen. Und da muss gar keine böse Absicht dahinter stecken: Die Tausenden Vertragsbedingungen ändern sich regelmäßig und die Praxis zeigt leider viel zu oft, dass die Fortbildung der Mitarbeiter da nicht immer Schritt hält. Und die Versicherungsberater sind schließlich in erster Linie Verkäufer und erst in zweiter Schadensreferenten.

Daher: Prüfen Sie immer Ihre Vertragsbedingungen!

In diesem Fall unterlag der Vertreter gleich zwei entscheidenden Irrtümern. Die durch Zeckenbiss übertragene Krankheit Frühsommer-Meningoenzephalitis ist in den meisten Unfallversicherungen als versicherte Gefahr inkludiert. Ebenso verhält es sich mit Kinderlähmung und dem Herzinfarkt als Unfallsursache. Somit ist die so genannte „kausale Deckung", also die Erfüllung des Tatbestands, gegeben. Die Unfallversicherung gilt. Und was ist mit der Kündigung der Polizze? Nun, die „zeitliche Deckung" ist nicht immer identisch mit der Vertragsdauer. Auch das regelt in neueren Polizzen der Artikel über Kinderlähmung und Zeckenbiss. Darin heißt es, dass der Versicherungsschutz

… wenn die Erkrankung serologisch festgestellt und […] spätestens 15 Tage nach Erlöschen der Versicherung zum Ausbruch kommt …

Klipp und klar

Durch den Konkurrenzdruck wächst der Deckungsumfang der Unfallversicherungen stets. Die meisten Anbieter inkludieren bereits Zeckenbiss, Kinderlähmung, Herzinfarkt als Unfallursache, Zerrungen und Verrenkungen. Prüfen Sie, auf welchem Stand Ihre Polizze ist, und erneuern Sie sie, wenn nötig.

besteht. Das heißt, dass nicht entscheidend ist, wann eine Krankheit ausbricht, sondern wann die Infizierung erfolgt. Deshalb gilt der Schutz noch fünfzehn Tage nach Ablauf der Versicherung. Aber Vorsicht: Aus genau diesem Grund tritt der Schutz auch erst 15 Tage nach Vertragsbeginn in Kraft. Wer also eine Versicherung abschließt, nachdem er gebissen wurde, schaut durch die Finger – trotz laufendem Vertrag.

Klipp und klar

Infektionskrankheiten werden vom Versicherungsschutz nur nach einer gewissen Wartezeit erfasst und gedeckt. Einige Versicherungsunternehmen verlängern daher den Versicherungsschutz auch nach Beendigung des Vertragsverhältnisses. Prüfen Sie Ihre Wartezeiten.

Knapp daneben

Herbert ist ehrgeizig und jähzornig. Wenn er beim Sport verliert, verliert er auch die Kontrolle – und den Versicherungsschutz gleich dazu.

Herbert ist leidenschaftlicher Sportler. Joggen, Tennis, Schwimmen und vor allem das Fußballspielen sind seine Hobbys. In seinem Hobby-Fußballklub kämpft er mit zehn Mitstreitern für die Ehre seines Dorfes. Mangelndes Talent wird durch Kampfgeist in den Spielen gegen Hobbyklubs aus den umliegenden Orten ersetzt.
So auch diesen Sonntag. FC Triffnix gegen SK Haudaneben lautet die Traumpaarung und die Stimmung am Fußballplatz gleicht der auf einem Volksfest. Anpfiff – und los geht's.
Schon nach wenigen Minuten ist es so weit. Herbert läuft in einem Wahnsinnstempo auf das gegnerische Tor zu.
Haken links, Haken rechts, Schuss und ... knapp daneben. Herbert explodiert vor Zorn und tritt gegen die Torstange. Mit einem Aufschrei sinkt er nur einen Augenblick später zu Boden. Der Sanitäter läuft aufs Spielfeld. Doch da kann er auch nicht mehr helfen. Herbert wird mit der Bahre vom Spielfeld getragen und ins Spital gebracht.
„Das Kreuzband ist gerissen. Es sieht so aus, als müssten wir operieren", meint dort der Arzt.
Auch das noch, denkt Herbert, während er die Zähne zusammenbeißt.
Eine Woche später. Herbert sitzt mit einem bandagierten Fuß und Krücken zu Hause und telefoniert mit seinem Versicherungsvertreter.
„Hallo, wie geht's?", fragt dieser.
„Nicht so gut. Ich hatte einen Unfall", sagt Herbert. „Das Kreuzband ist gerissen."

„Autsch."
„Wem sagen Sie das! Deswegen rufe ich Sie auch an, ich habe doch ..."
„... eine sehr gute Unfallversicherung", beendet der andere den Gedanken. „Ich habe jetzt die Details Ihres Vertrages nicht im Kopf, aber für einen Kreuzbandriss wird es wohl ein paar tausend Euro geben. Als Trostpflaster. Ich bin allerdings gerade bei einem Kunden. Faxen Sie mir doch gleich den Unfallbericht, und sobald ich im Büro bin, kümmere ich mich darum. Okay?"
„Okay", sagt Herbert.

Die Schadensmeldung

... Ich habe mir beim Fußballspielen das Kreuzband gerissen, als ich gegen die Torstange getreten habe ...

Zwei Wochen verstreichen. Der erwartete Brief von der Versicherung trifft ein. Doch was darin steht, ist gar nicht erfreulich.
„Sehr geehrter Herr ... bedauern ablehnen zu müssen."
Herbert fällt aus allen Wolken. Erbost ruft er seinen Versicherungsvertreter an.
Der sucht sich den Akt raus, liest ihn und sagt dann „Autsch. Da kann ich jetzt auch nichts mehr machen."
„Warum? Was soll das heißen?", fragt Herbert.
„In dem Bericht steht, dass Sie gegen die Torstange getreten haben. Dadurch haben Sie sich quasi ‚freiwillig' verletzt, das ist kein Unfall im Sinne unseres Versicherungsschutzes."

So zahlt auch Ihre Versicherung

Um die Entscheidung der Versicherung nachvollziehen zu können, ist wiederum die Definition des Unfallbegriffs wichtig. Laut den Allgemeinen Unfallversicherungsbedingungen:

Ein Unfall ist ein vom Willen des Versicherten unabhängiges Ereignis, das plötzlich von außen chemisch oder mechanisch auf seinen Körper einwirkt und eine körperliche Schädigung oder den Tod nach sich zieht.

Das Ereignis trat plötzlich ein und war die Folge eines mechanischen Vorgangs. Die schädigende Wirkung des Ereignisses steht ebenfalls außer Streit. Was ist aber mit dem Ereignis selbst? War es von Herberts Willen tatsächlich unabhängig?
Da er, wenn auch im Zorn, die Torstange treffen wollte, ist dieser Tatbestand nicht erfüllt, weshalb die Ablehnung durch die Versicherungsbedingungen gerechtfertigt ist. In der Praxis zeigen sich Versicherungen in Zweifelsfällen zum Glück ausgesprochen entgegenkommend. Mitverantwortlich dafür ist wohl auch, dass die Rechtslage die Beweispflicht den Versicherern überträgt. Wenn es um die eigene Gesundheit geht, ist es aber natürlich besonders unangenehm, auf ein Entgegenkommen der Versicherung hoffen zu müssen.
Anders gelagert ist die Situation, wenn der Unfall klar der Definition der Versicherer zugeordnet werden kann. Zum Beispiel:
Ich wollte den Ball treffen, fuhr daneben und traf die Stange. Dabei verletzte ich mich ...

Klipp und klar

Ein vom Willen des Versicherten unabhängiges Ereignis wird in manchen Bedingungen als unfreiwillig definiert. Unfreiwillig ist eine Handlung aber auch, wenn sie grob fahrlässig begangen wurde. Der Vorsatz ist jedoch eindeutig als freiwilllig anzusehen.

Baby, Baby

Kinder kosten viel Geld. Dass sie aber auch eine tolle Geldanlage sein können, und das hoch verzinst, ohne Risiko und mit ein paar Bonus-Vorteilen noch oben drauf, weiß kaum jemand.

Rosi L. und ihr Freund Thomas sind schon lange ein Paar. Eine gemeinsame Wohnung und andere Probleme sind die äußeren Zeichen ihrer Liebe. Was fehlt zum kompletten Glück, ist ein Kind. Eine Entscheidung, die sie sich reiflich überlegen. Aber eines Tages beschließen sie, diesen Schritt bewusst zu wagen.

Im Freundeskreis herrscht helle Aufregung, als sie ihren Entschluss bekannt geben. Am nervösesten von allen wird ihr Freund Richie. Der ist nämlich auch ihr Versicherungsberater.

„Das könnt ihr nicht machen", sagt er.

„Warum?", fragen beide wie aus einen Mund. Richie ist bekannt, beinahe berüchtigt, für seine tief religiöse und erzkonservative Einstellung.

„Weil ihr dadurch viel Geld verschenkt", sagt er.

„Warum?", fragte der ganze Freundeskreis wie aus einem Mund.

„Habt ihr schon etwas von einem Krankenhaus-Taggeld gehört?"

„Gehört habe ich davon schon, aber was ist das?", fragt Rosi.

Richie erklärt ihnen das Prinzip: Für jeden Tag Krankenhausaufenthalt bekommt der Versicherungsnehmer eine bestimmte Summe – das Taggeld. Für Geburten gilt eine Sonderregelung. Es wird eine Pauschalsumme veranschlagt, die von der Höhe der Prämie abhängt und zur Auszahlung kommt, unabhängig davon, wie lange der Spitalsaufenthalt der Mutter dauert.

„Wenn ihr diesen Schritt schon plant, solltet ihr euch das nicht entgehen lassen", meint Richie und zückt bereits den Kugelschreiber. „Und zwar jetzt, denn wenn du einmal schwanger bist, gilt das nicht mehr. Der Vertrag muss nämlich neun Monate vor der Geburt des Kindes abgeschlossen werden."
Gesagt, getan. Zehn Tage später liegt die Polizze im Briefkasten des Pärchens, am nächsten Monatsersten beginnt der Versicherungsschutz.
„Los geht's", sagt Rosi.

Acht Monate später. Neun Uhr abends.
Richies Telefon läutet, Thomas' Nummer am Display.
„Richie! Ich bin Vater geworden."
„Was, jetzt schon? Ist das nicht zu früh?"
„Ja, um vier Wochen, aber es ist alles gut gegangen!"
„Na dann, gratuliere", sagt Richie, „Bub oder Mädchen?"
„Ein Bub. Ein Erbe!"
„Das ist gut", sagt Richie, „denn er wird von mir gleich reich beschenkt!"
„Das wollte ich dich ohnehin fragen. Gibt es da Probleme, weil das Kind zu früh gekommen ist?"
Richie kann Thomas beruhigen. Entscheidend, so erklärt er, ist nicht der tatsächliche Geburtstermin, sondern der errechnete und der liegt außerhalb der neunmonatigen Wartefrist.
„Schreib das einfach auf die Schadensmeldung", sagt Richie.
„Mein Sohn ist eine Schadensmeldung?", fragt Thomas belustigt.
Da muss auch Richie lachen. „Na, für meine Firma schon ..."

Die Schadensmeldung

... Geburt meines Sohnes. Krankenhausaufenthaltsbestätigung und die Bestätigung des Geburtstermins liegen bei ...

Wenige Wochen später. Richies Telefon läutet. Thomas' Nummer am Display.
„Na, immer noch glücklich als Vater?“, fragt Richie.
„Klar, es wird von Tag zu Tag schöner!“, sagt Thomas. „Ich rufe übrigens wegen der Taggeld-Versicherung an. Das Geld ist gekommen. Das ist ja wirklich eine fantastische Rendite. Danke für den tollen Tipp!“
„Gern geschehen, so unter Freunden“, sagt Richie. „Aber erzähl es nicht weiter.“

So zahlt auch Ihre Versicherung

Die Krankenhaustaggeld-Versicherung ist eine der lukrativsten Anlageformen für junge Paare, die eine Familie gründen wollen. Der Versicherungsschutz umfasst ein von der Prämienhöhe abhängiges Taggeld. Üblicherweise ist dieses für die ersten vier Tage pauschaliert, sobald man mindestens 24 Stunden Patient in einem Spital ist. Auch bei Geburten wird eine fixe Summe ausbezahlt.
Beim Abschluss einer Krankenversicherung wird grundsätzlich davon ausgegangen, dass ein gesunder (bzw. nicht schwangerer) Mensch den Vertrag unterzeichnet. Bereits bestehende Krankheiten werden aus den Verträgen ausgenommen. Und was ist, wenn eine Erkrankung oder Schwangerschaft bereits vorliegt, aber (für die Versicherung) noch nicht erkennbar ist?
Die Versicherungsunternehmen sichern sich gegen solche Fälle mit so genannten Wartefristen ab – normalerweise drei Monate. Bricht eine Krankheit innerhalb dieser Zeit aus, wird keine Deckung übernommen. Es liegt in der Natur der Sache, dass diese Zeitspanne bei Schwangerschaften nicht ausreicht und die Wartefrist hier neun Monate beträgt. Gerechnet wird die Zeitspanne zwischen Vertragsbeginn und errechnetem Geburtstermin – der tatsächliche Geburtstermin spielt keine Rolle.
Ein kurzes Rechenbeispiel zeigt, warum diese Versicherung eine Anlageform mit nahezu unerreichter Rendite sein kann.

Eine 25-jährige Frau zahlt eine Jahresprämie von 400 Euro. Der Vertrag ist erstmals nach zweijähriger Laufzeit kündbar. Somit belaufen sich die Gesamtkosten auf 800 Euro. Im Falle der Geburt eines Kindes ist der Auszahlungsbetrag mit einmalig 1000 Euro pauschaliert. Das ergibt einen Gewinn von 200 Euro in zwei Jahren, was einem Zinssatz von 16 Prozent netto (nach Zinseszinsrechnung) entspricht. Das ist vielleicht nicht dramatisch viel, aber dafür garantiert, egal ob die Börsen steigen oder fallen. Ein klarer Triumph des Storches über Bullen und Bären.

Zusätzlich zu dieser tollen Rendite sind Sie zwei Jahre gut versichert. Für eine Prämie wie im obigen Beispiel gibt es im Falle des Falles weitere 100 Euro pro Tag im Krankenhaus. Nicht schlecht, oder?

Die Privatpension

Last, but not least. Unser letzter Fall widmet sich einem der aktuellsten Versicherungsprobleme überhaupt: der privaten Pensionsvorsorge.

Robert T. ist 25 Jahre alt und Angestellter in einem großen Möbelhaus. Seit acht Jahren ist er dort bereits beschäftigt und hat sich auf der Karriereleiter schon einige Stufen nach oben gearbeitet.

Mit seiner Freundin Ursula bewohnt er eine 70-Quadratmeter-Wohnung. Ein beinahe neues Auto steht vor der Tür und man könnte behaupten, dass die finanziell schwierigen Zeiten bereits hinter ihm liegen. Da auch keine größeren Ausgaben in naher Zukunft mehr ins Haus stehen, beginnt Robert langfristig zu planen.

Eine private Pensionsvorsorge würde ihn interessieren. Man hört ja so viel darüber, dass das öffentliche System unter Druck steht. Und wenn das alle sagen, dann wird's schon so sein.

Diese Vorstellung macht Robert Angst und von der will er sich freikaufen. Bis zu hundert Euro pro Monat ist ihm das wert, beschließt er und fragt bei mehreren Versicherungen an. Mehrere Tage vergleicht er die scheinbar auf ihn maßgeschneiderten Angebote. Schließlich bleiben zwei im Rennen. Beide Bewerber bieten einen 3,25-prozentigen Garantiezinssatz – und dennoch unterscheiden sich die Ergebnisse doch um einiges.

Anbieter A

Versicherungssumme	**102.367,–**
Gewinnbeteiligung	**119.302,–**
Auszahlungskapital	**221.669,–**

oder

monatliche Rente: **1.043,–**

Anbieter B	
Versicherungssumme	**118.732,–**
Gewinnbeteiligung	**95.877,–**
Auszahlungskapital	**214.609,–**
oder	
monatliche Rente: **1.088,–**	

Bei Anbieter A ist die Versicherungssumme niedriger, obwohl die Gewinnbeteiligung höher ist, dafür ist das Auszahlungskapital höher, obwohl die monatliche Rente niedriger ist. Robert ist verwirrt. Er ruft beide Berater noch einmal an, bittet sie noch einmal um eine Erklärung – und ist nachher so klug wie zuvor. Beide haben ihm erklärt, dass ihr Produkt das bessere sei. Aber warum, das hat Robert nicht verstanden.
Eine schwierige Entscheidung, über die er in den nächsten Tagen (und auch Nächten) nachdenkt. Die Waagschale neigt sich einmal zugunsten des einen, dann wieder zugunsten des anderen Angebots. Da es für Robert nicht möglich ist, eine objektive Entscheidung zu treffen, entscheidet er sich letztlich aufgrund seiner größeren Sympathien für Anbieter A. Trotz aller Beratungsgespräche hat er letztlich die Katze im Sack gekauft. Er beruhigt sich damit, dass es schon nicht falsch sein kann, sich auf dem Papier für die höhere Gewinnbeteiligung entschieden zu haben – was immer das bedeutet.

Wir schreiben das Jahr 2043. Robert geht in Pension und beantragt gleichzeitig bei Anbieter A, seine Privatpension als monatliche Rente ausgezahlt zu bekommen. Bald darauf kommt die schriftliche Bestätigung. Und nun fällt Robert aus allen Wolken: Nur 950 Euro im Monat sollen ihm überwiesen werden. Er ruft bei seinem Versicherungsunternehmen an und wird zu einem Finanzspezialisten verbunden. „Solche Anrufe bekomme ich oft“, sagt dieser, „aber unsere Auszahlungen sind schon korrekt.“ Und dann erzählt er etwas von Sterbetafeln, statistischer Lebenserwartung und, und, und. Robert ist verwirrt. Aber was soll er tun als zu glauben, dass schon alles seine Ordnung haben wird.

So zahlt auch Ihre Versicherung

Um verschiedene Modelle der privaten Pensionsvorsorge zu vergleichen, ist es notwendig, die Angebote zu zerlegen. Diese Methode ist einfach und sollte unbedingt angewendet werden um zu prüfen, ob man auch das Produkt erhalten hat, welches man für die Absicherung seines Lebensstandards in der Pension für richtig hält.

Beginnen wir mit den Garantiezinsversprechungen. Die daraus resultierende garantierte Summe nennt sich Versicherungssumme. 3,25 Prozent auf das eingesetzte Kapital wären ein garantierter Zinssatz, der sich über längere Zeit sehen lassen könnte.
Wenn Sie einen Taschenrechner – oder noch besser: eine Finanzsoftware – zur Hand nehmen und Ihr persönliches Anbot nachrechnen, werden Sie aber feststellen, dass Sie nicht auf das erwartete Ergebnis kommen. Und jetzt die schockierende Nachricht: Sie werden dasselbe Problem feststellen, wenn Sie schon eine Privatpension abgeschlossen haben und die Polizze nachrechnen. Weder vor Steuer und schon gar nicht nach deren Abzug „stimmt" das Ergebnis. Ein Versehen? Ein Zinseszinsproblem?
Nein, einfach ein weit verbreitetes Missverständnis, an dessen Aufklärung die Versicherer wenig bis gar kein Interesse haben, weil es vorteilhaft für ihr Geschäft ist. Zwar wird in jedem halbwegs seriösen Beratungsgespräch darauf hingewiesen, dass vom einbezahlten Betrag zunächst Spesen abgezogen werden und nur die Restsumme veranlagt wird, aber was das bedeutet, wird meist nur unzureichend erklärt. Diesen Vorwurf kann man den Finanzkonzernen nicht ersparen.
Diese Kosten können Provisionskosten, Inkassokosten, Ver-

waltungsgebühren, Polizzenausstellungsgebühren, Risikoprämien im Fall des Ablebens etc. sein. Allein an der Auflistung ist zu sehen, dass diese Gebühren kein Pappenstiel sind. Bis zu 25 Prozent werden bei einigen Versicherungsunternehmen dafür kassiert, dass man bei ihnen einen Versicherungsvertrag abschließt. Und erst der Rest wird fest verzinst angelegt.
Da ein großer Teil der Kosten bei Abschluss des Geschäfts anfallen, erklärt sich auch die Tatsache, dass man bei allzu frühzeitiger Vertragsauflösung weniger Geld herausbekommt, als man einbezahlt hat. Es dauert tatsächlich Jahre, bis man überhaupt wieder den investierten Betrag erreicht und Gewinn macht. Somit ist der Zinssatz allein kein aussagekräftiges Kriterium, wichtig ist auch der verzinste Betrag. Hand aufs Herz: Wurden Sie darüber schon mal ausreichend informiert?

Gering ist die Beratungsqualität auch oft, wenn es um das Risiko der Veranlagung geht. Vor allem in der Investitionseuphorie der letzten Jahre wurden da oft leichtsinnige Fehler gemacht – sowohl von den Versicherern als auch den Versicherten. Aber wie schätzt man das Risiko eines Angebotes realistisch ab?
Die versprochene Versicherungssumme ist der garantierte Betrag, den die Versicherung unbedingt leisten muss. Um diese Garantieverpflichtung erfüllen zu können, muss Ihre Versicherung ihrerseits einen gewissen Betrag zu einem fixen Zinssatz anlegen. Dafür wird ein gewisser Teil Ihrer Prämien aufgewendet. Mit dem Rest versucht die Versicherung höhere Renditen zu erreichen – allerdings bei nicht garantiertem Erfolg.
Je höher also Ihre Versicherungssumme, desto mehr Kapital wird risikofrei fix verzinst angelegt und dann an Sie weitergegeben. Je niedriger Ihre Versicherungssumme ist, desto mehr kann riskiert werden. Es gibt keine allgemeine Regel, was besser ist. Die Entscheidung muss jeder Versicherte selbst treffen. Im obigen Beispiel heißt dies, dass sicherheitsliebende Menschen sich für Anbot B entscheiden sollten, risikofreudige-

re Anleger dagegen Anbot A wählen sollten. Denn je geringer der garantierte Betrag, desto höher die Gewinnchancen.

Womit wir bei der Gewinnbeteiligung sind – und hier schalten wir die Warnblinkanlage ein: Die in den Polizzen angeführten Summen sind nämlich lediglich unverbindliche Prognosen. Lesen Sie das Kleingedruckte. Oder hören Sie Ihrem Betreuer beim Verkaufsgespräch genau zu. Er wird das sicher erwähnen. Er wird dieser Aussage vielleicht nicht viel Nachdruck verleihen, aber das sollten Sie verstehen: Er will ja ein Produkt verkaufen. Die in der Gewinnbeteiligung angeführte Summe ist der Betrag, den die Versicherung über den Versicherungszeitraum hinweg zu erwirtschaften *erhofft*! Und, ganz allgemein festgehalten, in den Jahren des New-Economy-Booms haben viele Finanzberater große Hoffnungen gehabt und in ihre Berechnungen einfließen lassen. Nun sieht die Lage etwas anders aus.
Die beeinflussenden Faktoren sind vielfältig: Fällige Zahlungen, Betriebskosten und Kapitalmarktzinssätze spielen beispielsweise eine wichtige Rolle. In Zeiten steigender Börsen wird die Versicherung beispielsweise auf dem Kapitalmarkt eine höhere Rendite als etwa die versprochenen 3,25 Prozent lukrieren. An diesem Gewinn wird der Kunde beteiligt. Wie hoch die Beteiligung ist, steht in den Vertragsgrundlagen.
Wie hoch diese Überschüsse allerdings sein werden, kann nur prognostiziert werden. Und darin liegt offensichtlich ein gewisses Risiko. Da die Versicherung in Anbot A weniger versprochen hat als in Anbot B, benötigt sie auch weniger Kapital, um ihre Versprechen zu halten. Es steht mehr Geld für Investitionen am Kapitalmarkt zur Verfügung, und falls die Börsen steigen sollten, wird dies natürlich einen höheren Gewinn und daraus resultierend eine höhere Gewinnbeteiligung abwerfen. Falls die Kapitalmärkte sich negativ entwickeln, muss die Gewinnbeteiligung nach unten revidiert werden und der Kunde erhält weniger Geld.

Bei Angeboten mit extrem niedriger Versicherungssumme und hoher Gewinnbeteiligung wird also ein entsprechender Anteil des Geldes in Aktienmärkten veranlagt. Das Endergebnis kann dadurch natürlich stark schwanken. Wenn Sie das reizt, sollten Sie sich vielleicht überlegen, ob eine fondsgebundene Lebensversicherung mit einer geringeren Aktienquote (bis zu 40 Prozent) für Ihre Interessen nicht geeigneter ist. Ganz unter dem Motto „No risk, no fun“.

Klipp und klar

Parameter einer privaten Pensionsversicherung:
Hohe Versicherungssumme: Ein großer Teil Ihrer Prämie fließt in „sichere Anlagen“ wie Anleihen, Darlehen etc.
Hohe Gewinnbeteiligung: Ein großer Teil (bis zu 30 Prozent Ihrer Prämie fließt in den Aktienmarkt.
Auszahlungssumme: Hängt von der Gewinnbeteiligung ab und steht von Anfang an nicht fest.
Rente: Beruht auf Statistik und ist kein Vertragsbestandteil. Sie bestimmt sich nach den zukünftigen Sterbetafeln und ist vom heutigen Standpunkt her nicht prognostizierbar.

Nun der letzte Punkt: die Rentenberechnung. Dabei geht es darum, den einmaligen Auszahlungsbetrag nach Ablauf der Versicherung in eine monatliche Zahlung umzuwandeln.
Gleich vorweg für die, die nie das Kleingedruckte lesen: Auch die Rente, die auf der Polizze bzw. dem Angebot ausgewiesen ist, ist kein garantierter Betrag. Erstens ist sie natürlich abhängig vom einmaligen Auszahlungsbetrag – und der ist, wie wir gesehen haben, vom Erfolg der Gewinnbeteiligung abhängig.
Aber es gibt noch einen Faktor, der Einfluss auf die Höhe der Zahlung hat. Und obwohl er meist dazu führt, dass die Rente ein wenig sinkt, ist der Grund dafür ein erfreulicher: Wir sprechen von der steigenden Lebenserwartung der Menschen.
Wenn Ihre Versicherung den Auszahlungsbetrag in eine mo-

natliche Zahlung bis an Ihr Lebensende umwandelt, muss sie natürlich versuchen, diesen Zeitraum abzuschätzen. Dazu zieht sie die Statistik, die so genannten Sterbetafeln, hinzu. Ganz logisch: Je älter die Menschen werden, desto länger laufen die Pensionen und desto kleiner muss jede einzelne monatliche Zahlung sein, damit es sich unter dem Strich wieder ausgeht.
Da die Lebensdauer, die wir in dreißig oder vierzig Jahren erreichen werden, heute nicht zuverlässig vorhergesagt werden kann, werden die Berechnungen in den Polizzen einfach auf Basis der aktuellen Sterbetafeln durchgeführt. Seit Jahrzehnten steigt allerdings die durchschnittliche Lebensspanne an und es ist zu hoffen, dass dieser Trend durch die medizinische Entwicklung anhält. Das bedeutet aber, dass, wenn Sie in einigen Jahrzehnten in Pension gehen, der tatsächliche Auszahlungsbetrag neu berechnet wird und voraussichtlich geringer sein wird als jetzt in ihren Unterlagen angegeben. Aber dafür haben Sie länger was davon, zumindest statistisch gesehen.
Wie wählt man nun also die optimale Privatpension für seine Bedürfnisse aus, ohne gleich ein finanzwissenschaftliches Studium abschließen zu müssen? Unser Tipp: Lassen Sie sich von hohen Rentenversprechungen nur dann locken, wenn diese auch garantiert sind. Wenn Sie riskant investieren wollen, sollten Sie sich das auch leisten können. Und zwar nicht jetzt, sondern dann, wenn die Auszahlungen fällig werden.
Wenn Sie hochriskant investieren wollen, lassen Sie sich von hohen Versprechungen bei den Gewinnbeteiligungen nicht aufs Glatteis führen und am besten die Finger von Privatpensionen. Die Finanzmärkte bieten auch andere, deutlich bessere Möglichkeiten.

Zusätzliche Faktoren, die Sie in Betracht ziehen sollten, sind die steuerliche Komponente (erkundigen Sie sich nach den aktuellen Absetzmöglichkeiten, Freibeträgen, Förderungen ...)

und die Höhe Ihres staatlichen Pensionsanspruchs. Denn der ist zwar ein Stiefkind in der öffentlichen Debatte, aber gar nicht so schlecht, wie er oft gemacht wird. Aber das ist ein anderes Thema.

Checkliste

Abschließend versuchen wir Ihren Blick für das Lesen der Versicherungsbedingungen zu schulen, damit Sie in einem Schadensfall wissen, welche Tatbestandsmerkmale erfüllt sein müssen, um eine Zahlung der Versicherung zu gewährleisten, und bei welchen Umständen Ihre Versicherung den Schaden ablehnen kann. Diese Methode ist in jahrelanger Praxis entwickelt worden und soll Ihnen zeigen, worauf Profis bei der Beurteilung eines Schadens in den Versicherungsbedingungen besonders achten.
Prüfen Sie Ihre Versicherungsbedingungen im Besonderen nach folgenden Punkten:

1) Versicherte Gefahren und Schäden

Dies ist eine Aufzählung der Schäden und Gefahren, für welche der Versicherungsschutz besteht. Diese Gefahren sind meist im ersten Artikel Ihrer Versicherungsbedingungen aufgelistet.
ACHTUNG: Nur weil Ihr Schadensereignis unter obiger Aufzählung zu finden ist, heißt das noch lange nicht, dass Ihre Versicherung auch zu einer Leistung verpflichtet ist. Siehe Punkt 2.

2) Nicht versicherte Gefahren

Hier finden Sie Tatbestände, welche eine Ähnlichkeit mit den unter Punkt 1 beschriebenen Schadensereignissen aufweisen, allerdings vom Versicherungsschutz ausgeschlossen sind. Prüfen Sie, ob der Ihnen entstandene Schaden darunter fällt (Glasfall). Wenn nein, lesen Sie weiter.

3) Versicherte Sachen

Unter diesem Punkt ist geregelt, welche Sachen Ihre Polizze inkludiert und welche nicht (Segelbootfall). Prüfen Sie, ob die beschädigte Sache auch in Ihrer Polizze angeführt ist.

4) Obliegenheiten ...

sind Pflichten des Versicherungsnehmers im Schadensfall. Prüfen Sie, ob Sie alle Ihnen zumutbaren Obliegenheiten erfüllt haben, da die Versicherung sonst ganz oder gar von der Leistung befreit ist.

5) Haftung

Falls Sie den Schaden verursacht haben, prüfen Sie, ob Sie eine Haftung trifft (Steinschlag), und wenn ja, bis zu welchem Verschuldensgrad Ihre Versicherung Schadenersatz leistet. Auf die anzuwendenden Normen wird vor allem im allgemeinen Teil der Versicherungsbedingungen verwiesen. Eine Aufstellung über die verschiedenen Verschuldensgrade finden Sie auf der nächsten Seite.

6) Versicherte Kosten

Sind Ihnen Kosten entstanden, prüfen Sie, welche Kosten Sie zusätzlich zum Schaden von Ihrer Versicherung refundiert bekommen und welche nicht (Rettungskosten). Vergewissern Sie sich auch der Höhe der Kosten. Dass aber auch hier Vorsicht geboten ist, zeigt folgendes Beispiel: Robert A. muss in eine Ersatzwohnung übersiedeln, weil sein Eigenheim nach einem Küchenbrand unbewohnbar geworden ist. Die Versicherungssumme ist 7500 Euro. Da seine Bedingungen eine Unterkunft gleicher Art, Größe und Lage dafür vorsehen und sein Haus 120 Quadratmeter groß ist, zieht er für drei Wochen in eine Suite. Kostenpunkt 1900 Euro. Die Versicherung empfindet dies als zu teuer und bietet ihm 350 Euro als Entschädigung an. Prüfen Sie lieber vorher als nachher, welche Kosten Ihre Versicherung für angemessen hält.

7) Geltungsbereich

Ereignet sich der Schadensfall im Ausland, prüfen Sie den Geltungsbereich Ihrer Versicherung.

Schuld oder nicht Schuld, das ist hier die Frage

Es gibt zwei grundsätzliche Möglichkeiten, wie ein Schaden zustande kommen kann. Entweder tritt ein Elementarereignis wie Blitzschlag, Frost, Hagel etc. ein, welches eine schädigende Wirkung nach sich zieht. Die Judikatur fasst diese Ereignisse unter dem Begriff „höhere Gewalt" zusammen.
Oder der Schaden ist durch eine menschliche Handlung begründet. Wenn Menschen immer die vom Gesetz oder den guten Sitten (vor allem im zwischenmenschlichen Bereich) auferlegten Sorgfaltspflichten erfüllten, würde es kaum zu Schäden oder Verletzungen kommen. Der Großteil der Schäden entsteht jedoch durch menschliches Fehlverhalten. Entsteht dieser Schaden einer dritten Person, stellt sich die Frage, ob der Schädiger bzw. seine Versicherung dem Geschädigten für den Schaden Ersatz leisten muss oder nicht. Diese Frage beantwortet das Schadenersatzrecht. Es besagt, dass nur ein schuldhaftes Verhalten eine Haftung begründet.
Es unterteilt auch den Schuldbegriff in verschiedene Kategorien. Die drei wichtigsten sind:

Leichte Fahrlässigkeit

Einem Zimmermann fällt sein Hammer aus der Hand, weil er ihn nicht ausreichend festgehalten hat. Dabei verletzt er einen Passanten. „Oh, das hab ich nicht gewollt!" Das ist gedeckt bei Feuer-, Sturm-, Leitungswasser-, Glas-, Kühlgut-, Elektrogeräte-, Kaskoversicherung.

Schwere Fahrlässigkeit

Ein Dachdecker lässt einen Hammer auf die Straße fallen, ohne sich zu vergewissern, ob dort jemand geht. „Es wird schon gut gehen." Er lässt die erforderliche Sorgfalt in besonderem Maße außer Acht. Ist gedeckt bei KFZ-Haftpflicht, Unfallversicherung, Lebensversicherung.

Vorsatz

Vorsätzlich handelt, wer bewusst einen Schaden herbeiführt. Zum Beispiel: Ein Zimmermann wirft einem Fußgänger seinen Hammer auf den Kopf. „Den hab ich gut getroffen!" Die Handlung erfolgt mit Wissen und Absicht.

Leistet Ihre Versicherung immer, unabhängig vom Verschulden?

Bei genauerer Betrachtungsweise können wir feststellen, dass Versicherungsunternehmen vorsätzlich angerichtete Schäden niemals decken. Einige Sparten leisten allerdings bereits, wenn das Verhalten, das zum Schaden geführt hat, grob fahrlässig herbeigeführt wurde.
Beim Großteil aller Sparten – und somit auch beim Großteil aller Schäden – haftet Ihre Versicherung allerdings nur bei einer leicht fahrlässigen Handlung. Da die Grenzen zwischen den verschiedenen Verschuldensgraden oft fließend sind, ist hier natürlich genügend Raum für Interpretationen. Diesen Interpretationspielraum nutzen einige Unternehmen dazu, sich vor Zahlungen zu schützen.
Auch die Tatsache, dass eine Versicherung ihren Kunden finanziell überlegen ist und dass der Schadensreferent das Prozessrisiko nicht selbst zu tragen hat, spielen hier natürlich eine Rolle.
Aber zur Ehrenrettung der meisten Anbieter sei gesagt, dass sie den Kunden als Partner und nicht als Gegner ansehen. Wenn Sie sicher sind, dass Ihre Handlung eine Schadenszahlung Ihrer Versicherung nach sich zieht und diese sich trotzdem weigert, den Schaden zu bezahlen, dann zögern Sie nicht und

lassen Sie den Fall von einem Anwalt prüfen. Am besten würde sich da erstmals die Inanspruchnahme eines Beratungsrechtsschutzes eignen. Aber Achtung! Sind Sie Vollkunde bei einer Versicherung und haben Sie dort auch eine Rechtsschutzversicherung abgeschlossen, könnte es sein, dass diese Versicherungsstreitigkeiten aus dem Vertrag ausschließt.
Kleiner Tipp: Prüfen Sie, ob in Ihre Rechtsschutzversicherung obige Klausel eingeschlossen ist. Falls nicht, überlegen Sie den Wechsel zu einem unabhängigen Rechtsschutzanbieter.

Danksagung

Zur Entstehung dieses Buches haben viele Menschen beigetragen.

Roland Schweda dankt seiner Mutter Elisabeth dafür, dass sie ihn immer unterstützt, gefördert und in seinem Weg bestärkt hat.
Weiterer Dank gebührt „Don Reini“, der meine Ideen und Vorhaben objektiv, kritisch und mit klarem Kopf hinterfragt.
Danke auch Verena König für die objektive und kritische Distanz zu diesem Projekt.
Außerdem möchte ich mich bei Cili Erdt bedanken, meiner versicherungstechnischen Ziehmutter, die die beste Versicherungsbetreuerin aller Zeiten ist, und bei Peter Delarich, einem der größten Verkaufsgenies, für all das, was ich von ihnen lernen konnte.
Last but not least bei Gerald Gruber, Markus Führlinger und Martin Fleischhacker und ihren Familien für ihre Hilfe, die mich nicht nur bei diesem Buch begleitet hat.

Michael Reumann dankt einer Andrea dafür, dass sie nicht kompliziert ist, und einer Andrea dafür, dass sie nicht einfach ist. Beides ist von Bedeutung.

Unbezahlbarer Dank gebührt Alexander Wlassack, dessen witzige Illustrationen dieses Werk zieren, für die flotte und unkomplizierte Zusammenarbeit.